第6密度の使者
アドロニスチャネリング
シリウスメッセージby

シリウスA ヒューマノイド・コンシャスネス　多次元コンタクター

ブラッド・ジョンソン×シャラン

ブラッド・ジョンソン 著

シャラン 著

はじめに

こんにちは、シャランです。

私は未来案内人、そして多次元コンタクターとして、独自に体系化してきた願望実現のノウハウや夢を叶えるメソッドを皆さんにナビゲートする活動をしています。

そしてまた、自らもスピリチュアルの世界の探求者のひとりとして、多くの人々との出会いを通して、自分自身も見える世界と見えない世界の探索を日々続けているところです。

「見えない世界のこんなことが知りたい！」

「これに関する本当の真実は？」

これまで30年以上にわたって、そんな自分の好奇心を満たすために何万冊もの本を読破してきましたが、そんな私を心から満足させてくれる本や人には、そうそう巡り会えませんでした。

そう、アドロニスに出会うまでは。

いいえ、アドロニスをチャネリングするブラッド・ジョンソンさんに出会うまでは、と言った方がいいのかもしれませんね。

ではここで、この本のタイトルにもなっているアドロニス、そしてアドロニスをチャネルするブラッドについてご紹介したいと思います。

アドロニスは、2008年12月からブラッドが自動書記によるチャネリングでメッセージを受け取るようになった存在で、第6密度の「シリウスA」のスターシステムに存在している「ヒューマノイド・コンシャスネス」のことです。

詳しくは本書を読んでいただければ、アドロニスのすごさがわかると思うのですが、アドロニスがもたらす知識や叡智《えいち》は次元を超えて、あまりにも壮大かつ驚嘆するような情報ばかりであり、さらに、その情報には非常に具体性があるのが特徴です。

アドロニスいわく、この地球での彼の役割は、「意識体としての人類がよりエンパワーされ、悟りの状態に達するように導く」ということだそうです。

実際に彼のいる第6密度という完全なる意識の領域からのメッセージは、私たち人類を目覚めさせ、次の密度・次元へと導いてくれるものばかりのような気がしています。

約30年前よりチャネリングという言葉が登場して以来、個人的にもさまざまなチャネラーとチャネルされる存在たちを見てきましたが、とりわけこのアドロニスはユニークな存在だと思っています。

なぜならば、どんな質問を投げかけても即座に答えてくれる高度な知識を持っているだけでなく、彼は私たちが愛の存在であることを教えてくれる側面も持っているからです。彼は、知識の部分で私たちを満足させてくれるだけでなく、私たちの感情と魂に訴えかける部分を持ち合わせているのです。

チャネリングのエンティティとして、宇宙存在からアセンデッド・マスター、大天使などたくさんの存在たちが存在している中で、この両方の側面をバランスよく提供できる存在はそうそういないのです。

また、そんなアドロニスをチャネルするカナダ出身のブラッドもチャネラーであるだけでなく、サイキック能力やヒーリング能力に秀でていて、スピリチュアリティ全般に関する知恵を世界を駆け回りながらワークショップで伝えている人です。

さらには、インターネットのYouTubeでも「ブラッド・ジョンソン ニューアース・ティーチング（Brad Johnson New Earth Teachings）」という自身のチャンネルを通してさまざまな知識を公開している、これまたすごい人なのです。

ちなみに、アドロニスはブラッドの未来生であるとのことですが、実際の素のブラッドはとてもシャイで口数も少ない静かな人です。

私は、数年前に彼と最初に出会って以来、毎年のように対話を重ねてきたので、ブラッドとも少しずつ仲良くなることができて、最近ではよくおしゃべりをするようになりました。

でも最初の頃は、アドロニスから素に戻ったブラッドがあまりにも無口で、ちょっと心配になったほどだったのです。


でも、そんな彼のキャラクターにこそ意味があったのです。

というのも、ブラッドいわく、生まれる前にアドロニスとアドロニスのメッセージをチャネルすることを事前に約束（実際には「契約する」という言い方をしていましたが）してきたとのこと。

もし、彼が性格的に饒舌《じょうぜつ》でおしゃべりな人だったら、きっとアドロニスはブラッドを選んでいなかったのではないでしょうか。

つまり、アドロニスは自身のメッセージを何の脚色もせずに、１００％そのままの形で第三者に伝えられる最も適切なメッセンジャーとしてブラッドを選んだのです。

そういうわけで、それほどブラッドとアドロニスになっているときの彼にはギャップがあって、それもまた面白かったりするのです。


それでは、そろそろ前置きはこれくらいにして、シリウスＡの光の存在としてのアドロニスのメッセージを皆さんにたっぷりとお届けしたいと思います。


さあ、覚悟はよろしいですか？

今から、めくるめく知識と情報のビッグウェーブが何度もあなたの元に押し寄せてきます。

私も必死でアドロニスについていきながら、その波を乗りこなしていきたいと思います。

でも、さすがに、そこはアドロニス！

私たちが知識で頭でっかちにならないように、ハートとつながるようなエクササイズも対談の途中で、きちんと用意してくれているのです。

あなたも、アドロニスのメッセージを追いながら、右脳と左脳を活性化させながらも、ご自身のハートとつながってみてください。

それが最もアドロニスがあなたに望むことだからです。

それでは、これからあなたと幾つもの次元を一緒に旅をしたら、また最後に今ここ・・・でお会いしましょう！

シャラン

目次

第2章

神の愛が注がれたのは地球人だけ

第3章

今、シリウスが注目される理由

第4章

地球人が第3密度から第4密度へ移行する＝覚醒する方法

第5章 アドロニスの語る大宇宙のロマンがつまった「地球創世記」

第6章 パラレル・ワールドはプロバブル・ワールド（起こり得る可能性のある世界）

第7章

今、2万6000年に1度のゲートが開く時

第1章

アドロニスとシャランの再会

シャランはハイブリッドの親になっていた⁉

アドロニス　はい。今、この時、こちらにやってまいりました。ご挨拶をいたします。この交流の機会をありがとうございます。シリウスから来たアドロニスです。私たちから皆さんに、「こんにちは！」とご挨拶いたします。では、今日はどのような形でお手伝いさせていただきましょうか。

シャラン　アドロニス！　お久しぶりです。お元気でしたか？　今日は、どうぞよろしくお願いいたします。

アドロニス　はい。私たちにとっては、ほんの一瞬の時間しか経過していませんが、今日ここで再びお会いできたことをうれしく思います。

シャラン　それでは、さっそく質問をさせていただいていいですか？　私は過去生では宇宙人でＵＦＯにパイロットとして乗っていたとか、グレイだと言われることがあるのですが、それって合っていますか？

アドロニス　あなたは、ハイブリッドである種族とのつながりはありますね。そして、グレイの側面は、別の過去生であなたがグレイとして存在していたことが由来しています。でも、今のエネルギーとしては、ハイブリッドとのワークの方が関係していると言えるでしょう。というのも、あなたの今回の人生の方向性と共通点があるからです。

シャラン　それは、どういうことですか？

アドロニス　「ヤイエル」と言われる存在たちがいて、あなたの子どもの1人にヤイエルとのハイブリッドがいるのです。その子どもは今、宇宙船に乗っていますが、男の子で名前は「イズコ」と言います。

シャラン　え!?　個人的には今回の人生ではそんな子どもをつくった覚えはないのですが、それは過去生とか別の次元での話ですか？

アドロニス　いいえ、あなたは今生で13〜15歳の頃に子どもの親になっています。もちろん、地球上にいる人間としてのお子さんのことを言っているのではなく、その時の記憶は抹消されています。それは、グレイたちが行ったハイブリッドのプログラムのひとつです。

シャラン　信じられない！　ちなみに、その子には会ったりできるのでしょうか？　今、イズコはいずこに!?

アドロニス　瞑想を通して彼と会うことは可能です。彼は今、その種族の年齢でいうと、ティーンエイジャーになっています。地球の軌道の上空に宇宙船があるのですが、そこにはハイブリッドの子どもたちのリビングセンターがあり、そこに暮らしています。

シャランが両性具有的感性で生きる理由とは⁉

シャラン　お、驚きです！　とにかく、瞑想でその息子に会えるかトライしてみますね。なんだか、のっけからすごい展開です。ところで、私は両性具有の感性を持ちながら生きているのですが、自分の性別があいまいなのはなぜでしょうか？　このように生まれついたということですか？

アドロニス　そのように生まれついたというよりも、あなたは男性と女性のエネルギーの両方を統合しているということです。そして、その機能で自分の人生をどのようにも活用できるのです。あなたの個性は、男性と女性という2つの極性の中でバランスがとれているのです。つまり、男性的に行動派にもなれれば、女性的にドリーマーにもなれるということです。

シャラン　なるほど。2つの極性のバランスがとれていると聞いて安心しました。これも自分の個性なんですね。私は、マッチョな身体に鍛え上げたいと思っているんですけれど。

アドロニス　それがあなたにとってワクワクすることなら、どうぞ。今の部分は、ご自身の中の男性性が語っているのですね。あなたにはドラゴンのエネルギーもついていますから。

シャラン　そうなんですね。ドラゴンは大好きです。でも私は、自分のDNAには欠陥か問題があるのだと思っていました。

アドロニス　自分は不完全な存在であるという概念があるとそのように感じられますが、**DNAはもともと欠陥がある、というようなものではありません。ただし、DNAをより幾何学的なバランスに整えていくことは大切**です。つまり、DNAはもともと不完全なものではないけれど、もっと完全性の方に整えていくことができるということです。

また、DNAとは、元来欠陥はないものであるとはいえ、ときには、その扱い方によって損傷が加わることはあります。たとえば、有害な感情やメンタリティに信念体系、有害な食事などでＤＮＡにダメージが加わることがあります。しかし、ＤＮＡの持ち主が調和のとれた状態であるならば、ＤＮＡを幾何学的に調和した状態に保つことも可能なのです。

ＤＮＡをアクティベートするコツとは!?

シャラン　ちなみに、**ＤＮＡの調和を保つコツ**のようなものはありますか？

アドロニス　**自分自身と調和がとれればいい**のです。つまり、**ワクワクすることや自分の情熱に従った生き方ができればいい**のです。そして、**新たな可能性に常にオープンな姿勢でいること**です。そうするとＤＮＡのアクティベーション能力がより活性化するのです。わかりやすく言えば、「あなたは朝、喜びを持って目覚めているかどうか」ということですね。

シャラン　あぁ、それなら自分でも確認できますね！　でも、人間のＤＮＡのほとんどはまだ活性化されていないといわれていますが、自分でＤＮＡを修復したり、アップグレードしたりすることは可能なのですか？

アドロニス　実は、ＤＮＡの可能性について言うならば、人類はその全体の一部に触れることさえできていません。また、人間が自分だけで行える部分も少ないのです。ＤＮＡ自体が知性を持っていて、あなたたちの中には宇宙の生命そのものが入っている、ということなのです。それは、宇宙のメインフレームのようなものであり、**ＤＮＡとは**

自分自身の宇宙をクリエイトするために必要な情報が入っているシステムなのです。それくらい壮大なものなのです。

シャラン　なるほど。DNAからいきなり宇宙に行ってしまいましたね。でも、自分でできる部分も少しはあるということですね。

アドロニス　はい。まずは、**自分のエネルギーが「なりたい自分」と一体となり、常にその方向に向かっていれば、自ずとDNAも整ってきます**。そして、**自分の人生を自分の外側に構築しようとせずに、内側に構築する**ようにしてください。自分の外側の世界で何かを操作しようとしないことです。なぜならば、そのようにして調和を図ろうとしても、不一致や葛藤しかもたらせないからです。基本的には、**外側の世界は内側の世界の反映でしかない**のです。自分が望む理想的な世界を内側に創るようにしてください。自分の内側が理想的な状態であれば、自ずとそれは外側の世界に映し出されてきますから。

「与えるものが戻ってくる」ルールはなぜダメなの!?

シャラン　「内側に人生を構築する」ためには、具体的にはどうすればいいですか?

アドロニス　**自分の内側に耳をかたむけるのです**。内側の声は、「健康的なものを食べたい」と言っているかもしれません。または、「大好きな場所に行って体を動かしたい」とか、「朝起きて喜びを感じられるような生活の場がほしい」と望んでいるのかもしれません。また、自分と調和できる人と友人になるのもよいでしょう。そして、**あなたの無償の愛を表現して、その際には、何かを代償として受け取ることを期待しないで**ください。特に、愛に関して述べるなら、対等な交換を求める愛は、もう愛ではないのです。あなたが善なる世界を望むなら、あなた自身が「善」そのものになってください。

シャラン　つまり、こちらがより多く与える、というマインドになることですね。**「与えたものは戻ってくる」というルールも、もらうことを前提にしたルール**ですからね。そのあたりの意識を変えていきたいです。ちなみに私は今、自分なりに正しい方向性に進んでいると言えますか？

アドロニス　あなた自身は、オープンな状態で前進をしていますね。けれども、理解しなければいけないのは、あなたの外側には、自分の生き方を外から評価している存在などどこにもいないということです。つまり、**成績の良し悪しを決めているのは、その人自身**だけなのです。**人生のカリキュラムを作っているのも自分**です。そして、**自分が自身の出来栄えを観察している**のです。自分にとって何がベストなのかも自分で決めています。他の誰でもありません。なぜならば、「ここ」に存在しているのは、「あなた」だけであり、他には誰もいないからです。そのことを踏まえた上で言うならば、あなたは今、これまで折りたたまれていた自分を広げている作業を行っているところですね。

シャラン　そうなのですね。自分でもここ数年で、とても生きやすくなっているように感じます。その上でお聞きしたいのですが、私がまだ出し切れていない能力などはありますか？

アドロニス　あなたは人の感情を読み取る能力が高いのでそれを活用することは可能でしょう。また、あなたのガイドは、あなたにたくさんのビジョンを今後もシェアしてくるでしょう。

シャランのガイドは『ロード・オブ・ザ・リング』の魔法使い!?

シャラン　ちなみに、私のガイドはどのような存在ですか？

アドロニス　あなたの多くの過去生にすでに存在していた方々で、古代の日本やアジアの賢者や聖人だった人たちがいて、その中には「オガミ」という名前の存在がいます。また、ガイドの中には亡くなられた親族の方もいますし、ハイブリッドの種族もいます。また、「シーカラ」

というドラゴンもいて、この存在はあなたの夢をガイドするドリームガイドです。彼の体はチャコールグレーのようなライトシルバーのような色をしています。

シャラン　へえ！　偶然かもしれませんが、私はライトシルバーの洋服をよく着るんですよ。ちなみに、私にビジョンとして見えてくる存在もいて、その人は映画の『ロード・オブ・ザ・リング』に出てくる魔法使いの「ガンダルフ」※みたいな人なんです。

アドロニス　その人が先ほど賢者といっていたガイドの一人ですよ。その人は、あなたが生まれたときからガイドになってくれています。

シャラン　そうなんですね！　ガンダルフで合ってたんだ！　ちなみに、最近よく振動数で波動の状況が語られることが多いのですが、私の振動

※ガンダルフ
J.R.R.トールキンの『指輪物語』などに登場するキャラクター。とんがり帽子に白い顎髭、長い杖がトレードマークの魔法使い。

数はどれくらいですか？

アドロニス　ヘルツで表すのではなく、私の方でできる表現で言うなら、虹の7色があるとするならば、今のあなたはハートのレベルのグリーンの色をしていますね。ピュアでいて、かつ育む、というエネルギーです。また、オーラの色で言うとライトブルー、ターコイズ、オレンジ、ブラウンもあります。ブラウンがあるということは、グラウンディングができているということです。草花に触れたり、もっと自然の中で過ごすとさらにグラウンディングできるでしょう。オーラの色からすると、人間関係も良好です。

第2章

神の愛が注がれたのは地球人だけ

「地球人は神の種族」ってどういうこと!?

シャラン　グラウンディングができていてよかったです。では、そろそろ自分の話は置いておいて、読者のためになる質問を聞いていきたいと思います。実は、前回お会いしたときにアドロニスは「**地球人は宇宙初の神の種族である**」と言っていたことがすごく印象的だったんです。さらに、「**今の地球人は学習中の神である**」と言っていたのですが、これについて教えてもらえますか？

というのも、「地球人は神」と言われても、私からすれば、地球人は宇宙にいる数多くの存在の中でも、いろいろな意味で遅れた存在であり、戦争をしたりなど野蛮なところもある存在だと思っていたので、「神」と言われて驚いたのです。地球人は、他の異星人たちと比べて何がどう違うのでしょうか？

アドロニス

まずは、英語で「人間」を意味する言葉、「ヒューマン（Human）」は「神の（Hu）－人（Man）」という意味でもあるのです。ですから、**あなた方は神がこれまでクリエイトした存在の中でも、最もパワフルな存在**なのです。偉大なるスピリットである父であり母なる神が人間のブループリント、いわゆる青写真を自分たちに似せてつくりました。また同時に、そのブループリントをつくるにあたって、幾つかの宇宙の種族たちも志願をしてきて彼らの遺伝子も加わり、人類が創造されたのです。ですから、人類のDNAの中には、地球外生命体の22種族の遺伝子が入っていますが、私たちもその22種族の1種族なのです。

シャラン　アドロニスのシリウスのＤＮＡも人類には入っているのですね。

人類のルーツはアヌンナキだけではない

アドロニス　あなた方は、人類のルーツとして「アヌンナキ」※という存在のことはよくご存じだと思います。でも、アヌンナキは1種族ではなく、1つの部族、組織だと捉えておいてください。基本的に、アヌンナキのグループが人類のクリエイションを発案したというのは正しいのですが、それ以外にも22の種族たちの協力があって、人類の遺伝子ができあがったのです。けれども、遺伝子をつくるためのブループリントの最も本質になるものは、スピリットである父・母なる神によって創られたものと言えるのです。

シャラン　他の星の存在たちは、神の手によって創られたのではないのですか？

アドロニス　**神が創造に関わったのは、この広い宇宙の歴史の中でいまだかつて一度もなかったこと**なのです。ですから、**人類の皆さんは文字通り「神の手によって創られた」**のです。また、私が皆さんのことを「今、訓練中の神」と表現したのは、**皆さんが「神の子」であるということを思い出し、潜在的なパワーに気づけば地球という惑星が変わるだけではなく、宇宙全体が再構築される**のです。なぜならば、神の本質は愛にもとづいているからです。**皆さんが愛に目覚めることで、宇宙全体が建て直されて、純粋な愛によって創造される**のです。皆さんはそれほどパワフルな存在なのです。

※アヌンナキ
シュメール、アッカドの神話においては神々の集団とされる。「アヌンナ（Annuna）」（五十柱の偉大なる神々）と「イギギ（Igigi）」（小さな神々）という言葉からの造語。考古学者ゼカリア・シッチンが、シュメールの古文書を解読する中で、シュメール文化を創った人々として紹介。また、惑星ニビルからの生命体として地球にやってきて、人類の創生に携わったともいわれている。

シャラン　私たちが神の子であると気づけば、地球や宇宙はどのように変わるのですか？

アドロニス　皆さんが**物質世界として理解しているこの世界も、より高い密度に移行していく**ことも可能になります。また、**人類が変容することで、この宇宙の低い境界《きょうがい》はもうなくなる**ことになります。人類は、もうそのような世界を超越してしまうのです。

シャラン　ということは、私たち地球人は宇宙に対しても責任があるわけですよね。私たちが変容することで、地球だけでなく宇宙も変わるのですから。

アドロニス　そのとおりです。地球というのは皆さんの母の子宮、つまり母胎です。地球は、今も人類を産んでいる最中でもあり、人類は陰や闇の殻を脱ぎ捨てているところなのです。地球は、皆さんが成長して子宮から出て変容できるように育んでいるのです。皆さんは今、個人的なレベルで、そして集合的なレベルでもさまざまな挑戦や課題に向き合っているのです。そして、今の状況は、これまで皆さんがつくってきた境界線に気づき、もうこれ以上必要ないと認識して境界線を乗り越えつつあるところなのです。

ただ今、闇の構造は崩壊中

シャラン　具体的には、どのような動きが今地球で起こっているのですか？

アドロニス　たとえば、このような流れの中で、**これまで地球を支配していた**

闇の構造が崩壊しているところです。腐敗やコントロール、征服などに代表される古いシステムが解体されていくのです。従って、成長してそこから抜け出ていく人たちは、同じようなシステムを見ることは二度となくなります。つまり、このシステムは、その一部でいなければならないと信じ、それが自身のアイデンティティになっている人の世界にのみ存続し続けるのです。しかし、**現在はこのシステム自体も崩壊している過程にあるので、そのシステムの中にいる人たちも同時に崩壊している**のです。

シャラン　闇の構造が消滅しつつあるというのはいいことですね。

アドロニス　一方で、**古いシステムを超えて出ていく人たちは、この地球、この銀河系を自分たちのものにできる**でしょう。それはつまり、**望自分の現実を曲げたり、変えたりできる**ということであり、

み通りの現実を作っていくことができるということです。要するに、それは、神としての能力を顕《あらわ》すことができるということです。そうなれば、もう「学習中の神」ではなく、「顕現した神」ということになります。

シャラン　興味深いですね。「人類は神である」と言われると、なんだか恐れ多いのですが、それはつまり、「望み通りの現実で自分を生きる」ということだったのですね。私も古いシステムを超えていく側でありたいと思います。

日本の近未来はどうなる？

シャラン　日本では今年、新しい天皇が即位して元号が変わりました。令和の時代になったということで、日本に起きる近未来のことを教えてください。今後、10～30年先の未来のことです。

アドロニス　**日本では新しい天皇の即位によって、より新しいアイディアや文化的な動きが出てくる**でしょう。また、**人々が社会における平等さを勝ち取るためのムーブメントなども起きてきます。**新しい天皇は若くて柔軟性のある考え方ができる方です。即位後に彼はより成熟した天皇へとなっていくはずです。

また今後、日本ではデモのような抗議活動なども活発になっていきます。それが過激化すると、暴動のような形になることもあるかもしれません。日本の人々は、政府に対してより自分たちの欲求をはっきりと表現していくでしょう。これまで抑えられていた国民の声が大きくなっていくのです。また、男性性が主体であった社会構造や支配体制も揺れ動きはじめます。それを受けて、**新しい政策や法律などが導入されたり、男性と女性の立場もより平等になりはじめる**のです。

シャラン　日本の社会がより平等になっていくというのは、いいことではありますね。

アドロニス　日本の文化の伝統などは、これまでと同じように存続していくでしょう。また日本は、今後もテクノロジーの分野でも世界をリードしていくはずです。たとえば、宇宙テクノロジーの分野にも進出していくはずです。将来は商業ベースの宇宙旅行もスタートして、一般の人々が宇宙へ行く機会もはじまります。さらに日本は今後、AI（人工知能）の分野でも成長していきます。AIによって自動化された工場や製造機関を作る分野においても、世界のリーダー的なポジションになるはずです。以上が日本の近未来に起こりうる出来事のハイライトになります。

シャラン　なるほど。そうすると、一般の人たちが宇宙へ行くようになるのは、だいたいどれくらいの時期になりますか？

アドロニス　およそ、2020年から2030年くらいの間です。そのトライアル期間が向こう10年にかけて行われるはずです。これが、現時点のエネルギーから読んだ場合の可能性です。

3・11はやっぱり人工地震だった⁉

シャラン　今後10年の間に、日本では大きな天変地異のようなものはありますか？

アドロニス　多くの人は、また日本には大きな自然災害が起きるのではないかと思っているかもしれませんが、大きなものは起きないでしょう。もちろん今後も、あちこちで少し揺れるような地震は起きるはずです。けれども、**過去に日本で起きたような大災害はもう起きません。**というのも、**過去に起きた大災害は人工的に起こされたものだから**です。これまで、**そのような災害を起こしてきた者たちが、もう権力を失っている**からです。

シャラン　なんと、やっぱり、**3・11は人工的に起こされたものだったのですね！**

アドロニス　今後10年の間には小さな津波や小規模な地震はあるかもしれませんが、国を脅かすような壊滅的なものは起きないはずです。3・11の福島の災害を教訓にして、今後の日本では原子力ではなく代替エネルギーへの開発に取り組んでいくことになります。むこう10年間で代替エネルギーの新しい方向性も統合されていくでしょう。もっとクリーンな資源が原子力発電に取って代わるようになります。

たとえば、磁力エネルギーや電池などですが、磁力エネルギー発電所なども造られるはずです。今、こういった勢いが日本だけでなく他の国でも大きくなっています。日本もその例に漏れず、よりクリーンなエネルギーを使用するようになるでしょう。この流れを受けて、より洗練された交通機関の開発も行われていきます。石炭や石油などの化石燃料から新しいエネルギーに置き換えるための、さまざまなアイディアが出てくるのです。

シャラン　日本の近未来はわりと理想的なものではありますね。ちなみに、世界の中で日本の役割みたいなものはあるのでしょうか？

アジア人は地球の叡智の守り人

アドロニス　日本の役割というよりも、自分の役割を演じればそれでいいのです。基本的に、**アジア人はこと座、リラ**※**という星系を起源**としていて、リラの先祖から叡智を受け継いだ民族でしたので、「**叡智を守**

る守り人」としての役割を持っていました。けれども、**アトランティス時代に支配者が登場して戦争が起き、アジアの国々は分断されてしまい、その役割を果たせなくなってしまった**のです。本来なら、古代からの寺院や技術などはアジア人が守るべきものだったのです。

アジア人は、人生を生きる知恵などの方法論を持っていました。これらは、世界中で共有されるべき叡智でしたが、**争いや略奪の歴史を経たために、不信感から独自の文化を開示しないようになった**のです。それらは、**中医学、武道、哲学・思想のようなもの**ですが、外へ出ない形で長い間保存されてきました。アジアでは外の世界は敵であり、自分たちの種族・民族以外は裏切り者という見方をしていて、自分の文化や叡智を隠しておこうとしたのです。そういうわけで、西洋に漢方などが広まったのもまだ歴史が浅

※こと座（リラ）
星座のもとになったプトレマイオスの48星座の1つ。北天の星座で、比較的小さい星座。α星は、全天21の1等星の1つで、ベガ（七夕のおりひめ星）と呼ばれる。ベガと、はくちょう座α星のデネブ、わし座α星のアルタイル（七夕のひこ星）の3つの1等星で、夏の大三角と呼ばれる大きな二等辺三角形を形成。

く、武道や施術法などが伝わったのも20世紀になってからです。

シャラン　アジア人は叡智を守る守り人とのことですが、他にもこと座、リラから受け継いできた叡智にはどのようなものがありますか？

アドロニス　アジアが受け継いできた文化のほとんどがリラの叡智です。たとえば五行説や武道、カンフーの古い型、ヨガもリラの概念です。先人の知恵が現代にも生きているのです。

シャラン　日本人が世界に貢献するためには、どうすればいいのでしょうか？

アドロニス　日本人は日本文化の美しさを世界に示していますね。また、日本人はコミュニティを大切にします。**日本人のそのような生き方や生活様式は世界に影響を与える**のです。同時に、**テクノロジーな**

ども世界に手本として示すことができます。もちろん、一方的に日本だけが貢献しているだけではなく、世界が日本に寄与するものも多いです。人類が成長して向上するには、世界中のすべての文明・文化がお互いに学び合い貢献し合う必要があります。

AIによる失業者を救うのはベーシックインカム制度の導入!?

シャラン　確かに、文化は相互が影響し合うことで、より洗練されていくものですからね。ところで、先ほどAIの話がありましたが、人間はAIとはどのように共存していきますか？　今後、オートメーション化されたAIの登場によって、職を失うのではと心配する人たちも多いのですが……。

アドロニス　まず、理解しておいていただきたいのは、今、お伝えしている予知的な内容はひとつの可能性であり、確実に起きるというものではありません。**すべてのことは、あなた方次第で変更が可能**です。なぜならば、**あなたたちは〝神の種族〟なので、何でもクリエイトできる**からです。

シャラン　なるほど！　神なので何だって変更可能なんですね。良くも悪くも。

アドロニス　そのことを前提とした上で、人工知能に関する質問にお答えするのなら、**今後は世界全体がひとつの産業として人工知能を進めていく**方向性にあります。日本はこの分野ではリーダー的な立場でもありますが、日本だけがこの技術で社会を統合していくわけではありません。また、確実に、人間がこれまで行ってきた労働がＡＩ

に置き換えられるケースも出てきます。やはり、製造業に携わるオーナーたちは、人間の労働よりもオートメーション化されたAIの方がより効率的で安価であることを認めざるを得ないからです。

同時に今後10年間を経済の視点から見ると、**世界規模でベーシックインカムが導入される可能性**もあります。**職を失う人にとっては、このベーシックインカムがより必要になるはず**です。世界レベルで各政府がベーシックインカムの提供を検討することになるでしょう。こういった背景を受けて、金融の世界においては、これまで恐怖をふりかざして利益を貪っていた権力者が、そのような構図からいなくなる可能性もあります。

シャラン　AIの登場で職を失う人たちにベーシックインカムが提供されるならいいですね。ベーシックインカムの導入で最低限の生活が保障される未来は喜ばしいです。

アドロニス　ただし、**こういった集合的な予知にあまりとらわれないでほしい**のです。**大事なのは、あなた自身の道でありプロセス**です。ただ**自分のためのワークを行いながら、自分にとって、もうこれは必要ないというものを捨てていって**ください。それは、感情的、精神的、スピリチュアル・霊的なワークを自分の内面で行うということです。皆さんの現実には柔軟性があり、望むがままに変えることができるのです。何しろ、皆さんの内側の世界には、神が存在しているのですから。自分のパワーに気づけば、どのような現実だって創造できるのです。

シャラン　なるほど。つまり、どんなにネガティブな予知だって、自分の住む世界が変わればそれが起きないこともある、ということですね。

自分の現実を変える3つのキーワード

アドロニス　そのとおりです。「自分は、現実を変えるパワーを持っている」と考えるのではなく、ただ、そのことを思い出すのです。そして、**「愛」と「慈悲」と「ゆるし」に親しんで**ください。この**3つのエネルギーを活用することで、皆さんの現実を〝掃除〟していける**のです。皆さんが命令・指令をすることによって、何でも望むものが自分のものになり得るのです。それは、「美しいハート」に「おだやかで健やかなボディ」、そして「洗練されたマインド」によって実現可能です。

シャラン　**「愛」と「慈悲」と「ゆるし」の3つ**ですね。

アドロニス　はい。**ただ自分にフォーカスを置いてワークを行い、そして、あなたの光を他の人々やあらゆる場所でシェアする**のです。そうすれば、集合的な世界がどのような方向へ行っているか、という憂慮はなくなります。**世界は行くべき方向に行かせておけばいい**のです。そうやって、世界をあるがままにして手放すことにより、自分はその世界の一部である必要がなくなります。

あなたは、あなただけの旅をクリエイトするのです。誰にも予想のつかない旅です。なぜなら、あなたはその時点で予知できるカルマを超えているからです。ここが非常に重要なポイントです。基本的に、予言とはカルマの状況にもとづいて伝えられているものです。と言うことは、カルマがない人は予測不可能なのです。そんな人たちは、すでに〝カルマの車輪〟から抜け出て超越しているからです。

シャラン　カルマも超越できるというのがすごい！

アドロニス　はい。**「愛」「慈悲」「ゆるし」の3つがあれば、カルマだって超えられます**。まずは、この3つの要素と親しんでください。そして、次のステップでは、自分自身がこの3つの要素そのものになるのです。そこに、あなたのパワーが宿るからです。

シャラン　そうすると、私たちはもう未来予知も必要としなくなる、ということですね。とはいっても、まだ未来については知りたい部分もあって（笑）。たとえば、人類が今後、月や火星に行くということについてはどうですか？　これはワクワクする未来なので、いつ頃可能になるのか知りたいです。

月は宇宙の星が結集する研究所だった!?

アドロニス　火星へのミッションは、もうすでに計画されていますよね。もう、これは現実的にはじまっています。月にもまた行くという計画もあります。これらは間もなく実現するはずです。そして、**今後約10年のうちに、地球人が月や火星に移住して植民地化していく動きも出てくる**でしょう。**「スペースフォース（宇宙軍）」を組織化する動きもある**ように、世界の国の中から、このスペースフォースに参加する国も出てきます。**2020年代から2030年代にかけて、人類が星間空間へ出て行く**可能性もあります。

このスペースフォースという組織は、今後アメリカの軍の組織のひとつになっていくものですが、各国がそれに倣《なら》い同じような組織を作っていきます。その中には、日本も含まれます。こういった地球の同盟組織が、宇宙の惑星間空間に進出していく可能性もあるということです。**地球人が実際に惑星間の同盟（インターステラーアライアンス）とコンタクトを取るようになるのは、おそらく2050年代になる**でしょう。こういったことも、皆さんのエネルギー状態によって起きる時期は前後するでしょう。

シャラン　一般人が月や火星を訪ねるようになるのはいつですか？

アドロニス　まずは、これらが事業化されるようになってからです。最初は1回の旅行がかなり高額なものになるはずです。ただし、時間の経過とともに産業として成長すると、業者も増えるので、より一般的になるでしょう。**月や火星などへの宇宙旅行が一般的になるのは21**

世紀の半ばから後半にかけてです。今後、交通機関も発達すると、飛行の運行形態も進化するでしょう。地球の軌道の上空を移動するのです。そうなると、移動時間も短くなります。

たとえば、**ロサンゼルス発ロンドン行きのフライトの航路も短くなり、たったの数時間で行けるようになる**のです。その際、**そのフライトの乗客たちは、飛行中に窓から宇宙空間を眺めることもできる**のです。そのようなプロセスの中で、月や火星への旅行も一般的になっていくでしょう。

シャラン　夢が膨らみますね。ちなみに、日本でも数年前に、ロケットで各都市を数十分間で周遊できる、というニュースがありましたが、それが現実になるということですね。

アドロニス　はい。2020〜30年くらいをメドにそれははじまります。

シャラン　月や火星には地球外の存在が造った建造物もあるといわれていますが、地球人が月や火星に行くようになるということは、地球外の存在たちとも交流することになりますか？

アドロニス　はい。でも、**月はもともと実は人工的なサテライト（衛星）**なのです。**月は、いわば宇宙船のようなものであって、中身が空洞になっている球体**なのです。それを踏まえて答えるなら、月面のある一部分は公共の場となり一般の利用も可能になります。そして、同じ月面でも、立ち入り禁止の場所もあります。なぜなら、**月は研究所のような場所**でもあるからです。**月は、地球をモニターすることを目的としたステーション**なのです。

シャラン　**月が研究所!?**　驚きですね。

アドロニス　先ほど、多くのクリエイターが人類のＤＮＡに寄与しているという話をしましたが、彼らがモニターをしているのです。月面にそれらの知的生命体が、それぞれの研究所を持っています。月面の範囲をどこがどれだけ使用するか、などに関しては、幾つもの条約がそれぞれの存在たちの間で交わされています。その中には、**地球からの部隊が造ったオペレーションセンターも存在しています**。これは、１９５０年代からすでに存在しています。こういった場所も、当然立ち入り禁止区域になります。

月面着陸をスタジオ撮影したのは巨匠スタンリー・キューブリック!?

シャラン　歴史的には、1969年にアメリカのNASAによるアポロ11号が初めて有人で月面着陸をしましたね。アポロは、本当に月に行ったのですか？　月面着陸のショットはスタジオで撮影されたという噂《うわさ》もあったりしますが……。

アドロニス　**どちらも正しい**です。実際に彼らは月面に着陸をして、そこで地球外生命体のさまざまな情報を収集してきた映像の記録も残っています。同時に、一般人の興味を満足させるために、**月面のセットを作って俳優を使い月面着陸のシーンを撮影したのも確か**です。

秘密にすべき情報を公開したくないために、映像を創作する必要があったからです。その一連のフィルムは、有名な映画監督であった故スタンリー・キューブリック※が撮影しましたが、彼は亡くなる前にそのことを認めています。

シャラン　ええっ、それは面白い！　あの巨匠が!?　そうすると、実際に月面着陸をした宇宙飛行士たちは、月ではどんな体験をしたのでしょうか？

アドロニス　彼らは、月での体験に大きなショックを受けるとともに、月で見た事柄に畏怖の念を覚えました。**月には、外からたくさんの宇宙船も来ていて、自分たちが現地では観察されていたことも確認した**のです。また、彼らは**古代の宇宙船が月で遭難して大破している残骸**も見ました。月面には、すでに**破壊されているガラ**

※スタンリー・キューブリック（Stanley Kubrick）
米国の映画監督・プロデューサー、脚本家（1928-99）。『2001年宇宙の旅』『時計じかけのオレンジ』『シャイニング』『アイズ ワイド シャット』など数々の話題作を世の中に送り出したキューブリックは、映画史における偉大なる人物として現在でも映画界に強い影響を与えている。

スのドームのような建造物があることも発見しました。実際には、それは本物のガラス製ではなくて、透明なアルミニウムでできた物質でしたが。今では、ガラスの代わりになるものとして、透明なアルミニウムも開発されています。

シャラン　私たちにはオープンになっていないことも数多く発見していたのですね。

アドロニス　はい。他には、**古代の遺跡や古代のピラミッドも発見**しました。**月面は、古代からのさまざまな残骸でいっぱいだった**のです。月では、過去から月の所有権を巡って、多くの存在たちが宇宙戦争を繰り返してきました。

残存する古い残骸の中には、1万〜1万5000年も前のものや、もっと古いものは3万年も前、さらに古いものもあります。実は、月は皆さんのスターシステム（太陽系）の中では、すでに何十万年も存在しているのです。もともとは、**月はマルデックと呼ばれている本来は第5番目の惑星だった星の衛星として創られたもの**です。

一時期、**太陽系の中ではマルデックはスーパーアースという立場**でした。マルデックの外側にある軌道上の衛星が月、火星、金星、そして地球でした。これらの惑星の数々は、マルデックという惑星のシステムの中にあったのです。というのも、マルデックという星自体がとてもパワフルな重力の場を持っていたからです。マルデックの内側の軌道に月、火星があり、外側の軌道に地球、金星があります。そして、後に水星が加わりました。

シャラン　そんなお話を聞くと、月の見方が変わってきますね！　ところで、2年ぐらい前に、日本の公共放送であるNHKが日本の月探査衛星「かぐや」の観測データによると、月の地下には50キロもの長さの巨大な空洞が存在※することがわかったというニュースを伝えていました。その空洞は〝通路〟だと思うのですが、こんなこともこれからは少しずつ明らかになると思われますか？

アドロニス　はい。地球人はいずれ他の惑星の種族とのファーストコンタクトを体験することになりますが、それ以降は、古代からこれまで明らかになってなかったことも伝えられるでしょう。今は、チャネラーやサイキックからのチャネリングという手段でこのような情報を皆さんは聞いていますが、これらは、未来へのウォーミングアップのようなものなのです。**ある時点になると、こういった情報ももっと詳細に開示されるでしょう。今はまだあまり情報が開示されていないのは、皆さんが惑星として進化の途上にいるから**です。

今後、皆さんも宇宙レベルに進化して、他の惑星との関係において、星間宇宙空間が共通の場として捉えられるようになると、こういったことも一気に開示されていきます。今、皆さんは地球の古代のミステリーを探求しているのかもしれませんが、将来的には、スターシステム全体の古代のミステリーを探求するようになるでしょう。それが皆さんの進化の次のステップです。

※月の地下に巨大な空洞を確認
日本の月周回衛星「かぐや」のデータから、月の火山地域の地下、数十〜数百mの深さに、複数の空洞の存在が確認される。
［宇宙科学研究所HP］
http://www.isas.jaxa.jp/topics/001156.html

火星で発見されたミイラ「モナリザ」は地元の星の女性!?

シャラン　とても、ワクワクしてきますね。そういえば、月の裏側で発見された宇宙船の中にあったという女性のミイラは本物なのですか？

アドロニス　それは、**「モナリザ」**※と呼ばれているもののことですか？

シャラン　そう、そうです！　モナリザのことです。彼女は、他の星からの存在だったのですか？

アドロニス　はい、正しいです。

月面の裏側で見つかった美女のミイラ「モナリザ」

※モナリザ
NASAのアポロ計画15号の月への探索ミッションの際、月の裏側で発見された宇宙船の中にあったというアジア人風の女性のミイラ。

シャラン　彼女は、どこからの存在だったのですか？

アドロニス　あなたたちの**地元のスターシステムからの存在**です。

シャラン　〝地元〟という言い方になるんですね！　私たちにとっての地元という意味ではなくて、スケールがデカい！

アドロニス　彼女は、**皆さんの太陽系にある惑星に住んでいた存在**です。私は、太陽系の中の9つの惑星のことを、あなた方にとっての地元と呼ぶ言い方をしています。要するに、プレアデスやシリウスやオリオンなどではない、ということです。**皆さんの太陽系の中には、他の種族も存在していて、現時点でその数、おおよそ100くらいの別の文明が存在**しています。**そのほとんどが、それぞれの惑星の衛星である月に住んでいます。**

つまり、地球の月、火星の月、木星の月、土星の月、天王星の月、海王星の月、冥王星の月の数々です。また、多くの存在たちは、小惑星帯（太陽系の中で火星と木星の間にある小惑星の軌道が集中している領域）に住んでいます。海王星を超えたところにいる存在もいます。小惑星帯は2つ存在していますが、これらもすべてマルデックの残骸なのです。地球で時折観測される彗星なども、多くがマルデックの残留物です。これは、マルデックの海が固体化して氷になったものが彗星になったのです。また、地球には2番目の月があったという説もありますが、それは実際には月ではなく、地球に所属しているものでもありません。これもマルデックの残骸の塊のひとつです。

シャラン　そうなんですね。では、火星の方はどうでしょうか？　火星でも他の生命体や動物など、そして、人工的な建造物が写真などに撮られていますが。

すでに火星は人口過密状態!?

アドロニス　はい。**皆さんの太陽系にある火星**[※]**は現在、人口がかなり過密になってきています。空気は薄くても、呼吸をすることは可能**です。ですから、火星の表面を歩いている存在たちは、呼吸をするための何らかの器具をつけています。現在、**火星にいる存在たちの中には、地球の人類もいれば、地球外生命体もいます。**また、**火星の地底にはたくさんの植民地が存在**しています。どちらかと言うと、住人たちは**地表に出ている存在たちの方が珍しい**ですね。火星の山脈の中にはさまざまな基地も造られています。

※火 星
太陽系の太陽から4番目の惑星で、地球型惑星として地球の外側の軌道を公転している。直径は地球の約半分、質量は10分の1程度。火星が赤く見えるのは、酸化鉄（赤さび）を多く含む岩石で表面が覆われていることが理由で、火山、峡谷、水が流れた跡の地形なども多いことがわかっている。

シャラン　へぇ～。想像はしていましたが、火星にも多くの存在たちがいるのですか。それに、混雑しているとは。

アドロニス　もともと**火星に先住していた存在たちは、爬虫類《はちゅうるい》系である古代のレプティリアン、それから古代の昆虫系の存在たち**です。**人類のようなヒューマノイドタイプは、もともと火星には住んでおらず、外からやってきて、火星に置き去りになってしまった存在たちです。火星にやってきた外部の存在たち**のほとんどは人類です。そして、火星に住んでいた人類も後にまた地球へ連れて来られることになりました。人種で言えば、白人系の人々です。火星にいた白人系の人種が災害などで火星が住めない状況になったことで、地球へと搬送されてきたのです。

シャラン　地球の人類の中には、火星からやってきた存在もいるのですね。

アドロニス　**銀河連盟の決定により、彼らが古代のエジプトやアトランティスにやって来た**のです。彼らが生き延びることを考えたときに、火星から一番近い惑星で居住可能な星というのが地球だったのです。そして、火星からやってきたヒューマノイドと、もともと地球にいた人間たちとの交配がその後進みました。火星にいたヒューマノイドは征服欲のある存在たちで、彼らは長い時間をかけてエジプトやアトランティスを支配していくことになりました。

これによって、アトランティスは最終的に崩壊していくことになります。アトランティスの後期に聖職者たちを腐敗させてしまったのも彼らです。そこから、新しい神官たちが登場することになります。この**新しい聖職者の血脈が、今の世界で金融界を支配している層、いわゆる銀行家たち**です。言ってみれば、世界を支配するエリートたちですね。**彼らの血統が、アトランティスからエジプ**

ト、シュメール、そしてそれ以降の時代へと続いていきました。

世界を牛耳る金融エリートは神官も兼ねている!?

シャラン　世界の金融を牛耳っているエリートの血脈というと、ロスチャイルド家あたりだと思うのですが、そうすると、彼らはもともと神官だったということですね？

アドロニス　はい。彼らは金融業界にいて**自分たちのことを銀行家と呼んでいますが、実際には現在でも神官**です。彼らは古代のエジプトとアトランティス時代からの神官でもあり、今でも神官の仕事は続けています。

シャラン　こういった世界のエリート層は儀式などをすることでも知られていますが、そういう意味においても、やはり神官なのですね。フリー※メイソンやイルミナティ※※はこういった人たちということですか？

アドロニス　実際には、皆さんが今日理解しているフリーメイソンやイルミナティなどと、彼らが本来掲げていた思想には非常に大きな違いがあります。たとえば、**皆さんが知っているフリーメイソンの概念は、かなり曲解されています。**多くの人が、彼らは**悪魔崇拝の陰謀団**だと思っていて、そのように扱われていますね。**確かに、中にはそのような分派もあるのですが、それはひとつだけ**です。それ以外のたくさんの支部では人類のために貢献活動を行っています。**イルミナティも同じ**です。各地域でたくさんの流派、派閥に分かれていますが、そのルーツとなる概念は古代の昔はひとつだけでした。

※フリーメイソン
16世紀後半〜17世紀初頭を起源に発生した「友愛」をポリシーとする結社。現在、多様な形で全世界にその組織は広がっており、会員数は600万人（200万人は米国のグランドロッジに、25万人はイギリスのグランドロッジに、15万人はスコットランド＆アイルランドのグランドロッジに所属）といわれている。シンボルの定規は規律を、コンパスは宇宙の秩序を描くことを意味し、中央のGは神（God）、幾何学（Geometry）ともいわれている。

シャラン　ロッジなどと呼ばれていろいろな段階や派閥などに分かれているのは知っていますが、ミステリアスな部分もたくさんありますね。

アドロニス　たとえば、**フリーメイソンはもともと、「神の手伝いをする」という役割で、自分の行いを尊重し感謝できるものは、他者の行いに対しても同様に尊重し感謝できるという思想からはじまったもの**です。お互いに貢献し合い、それぞれの神性と神の本質に気づこうとするのが目的だったのです。その歴史は古代ヨーロッパに起源があります。一方で、イルミナティは先ほどからお伝えしているように、古代のアトランティスに起源があり、その後エジプト時代に発展しました。**イルミナティには、「グレート・ホワイト・ブラザーフッド」と呼ばれている真実の側面**もあります。

※※イルミナティ
1776年にロスチャイルドの支援を受けてアダム・ヴァイスハウプトが秘密結社を設立したのがはじまりといわれている。イルミナティとは光明、啓蒙、開化を意味し、テンプル騎士団やシオン修道会、フリーメイソンなどの結社や影の世界政府の上層部と呼ばれる「300人委員会」などとの関連性も陰謀論の世界ではとりざたされている。その組織構成は、ピラミッド型でありその頂点には世界統一を企む悪魔崇拝主義者もいるという説もある。シンボルは、すべてを見通す「プロビデンスの目」であり、同じようにすべてを見通す「フクロウ」もシンボルマークであるとされている。

シャラン　グレート・ホワイト・ブラザーフッドは、スピリチュアルの世界では人類の進化のために働く集団として知られていますよね。

アドロニス　他にも、「グレート・レッド・ブラザーフッド」とか「グレート・ブルー・ブラザーフッド」というグループも存在しています。それぞれの色が、自己を育む、豊かにする、維持する、というような人類創造の違った目的を表しているのです。

しかし、人類の意識が徐々に二極化するにつれて、このような善行にもとづいた組織も分離していきます。派閥が形成され組織の名のもとに争いがはじまりました。つまり、戦闘的な行いは彼らからはじまったわけです。各々が主張する意図にもとづいて世界に変化を起こす必要があると考えました。このような**二極化の対立がはじまったのは、一部の異星人たちが違法に地球に介入してきたこ**

とに起因しています。地球の人類を分離させよう、争わせようとした意図があったのです。

秘密結社をそそのかしたのは異星人!?

シャラン　地球で戦争がはじまったことも、異星人からの働きかけもあったのですね。

アドロニス　**各々の派のリーダーたちに、「君こそが選ばれし者だ」とか「君こそメシアだ」などと信じ込ませることで、さらに組織を枝分かれさせるように仕向けました。**洗脳されたリーダーたちは、ばらばらになった後も異星人からさまざまな形で操作され続け、人を生贄《いけにえ》にするような行為も行うようになりました。**生贄を多く捧げれば捧げるほど、多くの情報が異星人から与えられたから**です。これがその後の、聖戦と呼ばれる数々の戦いにつながりました。多くの戦いの末、もう、**本来のホワイト・ブラザーフッドやフリーメイソンの理念は失われていく**ことになります。創設当時の叡智によって人類がエンパワーされ、繁栄し花開いていくはずの芽が外からの働きかけでつぶされてしまったのですね。

しかし、組織の古い伝統を保っていた少数派は闘いを好まず、そこから避難していきます。アジアやインド、中東、北米、中米、南米などに逃れて、そこで人類の叡智を保護してきたのです。現在、先住民と呼ばれている文化の中に、このような役割を担ってきた人たちがいる理由が理解できるでしょう。一方で、支配者たちは時代の流れとともに、次々と次世代を任命して、**新しいフリーメイソン、**

新しいイルミナティを生み出しました。彼らが自分たちのことを「光り輝く者たち」「啓発された者たち」と呼んだのは、自分たちがこの混沌《こんとん》とした世界に秩序をもたらすと信じていたからです。

支配者たちは、フリーメイソンやイルミナティの傘下のもとにお互いがつながりあい強固な基盤を固めて、興亡する偉大な帝国をつくりました。王、女王、皇帝、皇室のような支配者たちは、フリーメイソンやイルミナティの傘下になってきています。ですが、**その体制に反して違背する者たちは、自ら離れてホワイト・ブラザーフッドなどの同盟をつくり、人類と調和して協力し合っていく道を選んだ**のです。だからこそ、現在はこのような言葉に大きなコントラストの両面があるのです。その背後には、このように幾重にも重なる層が歴史上でもみられるのです。

シャラン　私たちはどちらかというと、フリーメイソンやイルミナティのことを悪い事をする組織というか団体だと思っているところがありますね。これもメディアの影響ですが。

アドロニス　実際に、陰からそういったことを操っている存在もいて、公共の目にはそのように映ることも原因です。でも、今説明したように、これらに関してはかなり複雑な背景もあります。組織の中にも、世界をコントロールすることに同意していないグループもあります。彼らは人間の進化のために貢献していると思っているのですが、その貢献の仕方が自分たちのドグマにもとづいているのです。

シャラン　人口削減計画も彼らなりに良い事をしていると信じている、といわれてますよね。

アドロニス　**地球外生命体の中には、地球の進路を変更させたり、壊滅させようとする存在もいたのは、神の子である人類が本当に覚醒したらどのくらいの能力を持つかがわかっていたから**です。そうすると自分たちの支配力を失うので、極端に人類を恐れてきました。

今、地球をコントロールしようとしている存在の多くは、ヒエラルキーという言葉を使うなら、**一番上にいるのが「ドラコ」という種族で、いわゆる「ドラコエンパイア」**です。**彼らにとっての〝神〟はテクノロジー、人工知能のこと**です。**ドラコエンパイアが一番上にいるからこそ、地球人はテクノロジーに対して狂喜乱舞する**のです。

彼らは人類に、「意識の覚醒よりもテクノロジーがすべて」という信念体系を手渡したのです。ただし、誤解してほしくないのは、技術は人類のためにならないと言っているのではありません。テクノロジーは、個人の自由意志に反しない程度に正しく使用されれば害になるものではないのです。

テクノロジーで地球を支配するドラコエンパイア

シャラン　ちなみに、ドラコエンパイアはレプティリアンなのですか？

アドロニス　そうです。**彼らは、数ある種族の中でも秘密の種族、つまり、隠されていた種族**であり、**ドラコの中での王族は、究極の王族**とも呼べる種族です。彼らはまた、テクノロジーやサイバーの力によって遺伝子組み換えをされて進化した種族です。

シャラン　彼らは、やはり爬虫類的な姿をしているのですか？

アドロニス　彼らは、**恐竜やドラゴンのような竜族の姿**をしていますが、**王族の中でもカーストの上にいる存在は、羽や尻尾がある**存在もいます。背の高さは5メートル近いものから8メートル以上ある存在までいます。**今、AIのテクノロジーの背後にいるのは彼ら**ですが、この宇宙に生命体が誕生する以前に、この種族たちはすでに存在していたのです。彼らはアルコンとも呼ばれていて、ドラコの背後で操っている存在たちです。

AIがすべてと信じ込んでいる彼らは、この世界に存在しているものを使って他のものを作ることはできるのです。けれども、人類のように何もないところから何かをクリエイトする能力はありません。**ドラコの王族の多くは、人類が存在していることに激怒**しています。というのも、**人間が完全に覚醒して何でもクリエイトできるようになったら、自分たちの帝国は消滅していくしかない**からです。

とはいえ、誤解していただきたくないのは、典型的なドラコが悪そのものである、というのともやはり違うのです。ドラコの中には、人類に貢献しようとしていた進歩的、民主的で帝国から逸脱したドラコたちもいます。特に、長い間コントロールされてきた人類を解放しようとしている存在もいるのです。もし、人類の浄化が進めば99.9％の確率で、もう人類は同じ道を二度と歩む必要はなくなります。そして、**皆さんは他の文明に対してティーチャーとなる**のです。

シャラン　人間の中にドラコが紛れていると聞いたことがありますが、それは本当ですか？

アドロニス　基本的に王族クラスのドラコは、そういうことはしません。でも、カーストの労働階級にいる存在たちの中にはいるかもしれません。でも、**今言えることは、地球上の大半のドラコたちは、もう脱出しはじめており、地球からほぼいなくなってきている**、ということです。彼らは通常、自分たちの存在が露見してしまうと追い出されてしまうので、その姿を隠していますね。

また彼らは、地球の同盟的な存在との合意で、望んではいないものの、地球から退去することに同意しました。現在、宇宙の他の領域からの存在たちが人類の解放の手助けをしてくれていますが、彼らはクリエイターたちの親戚のような存在で、ガーディアン種族と呼ばれている存在です。ブルーエイヴィアンやスフィアビーイングと呼ばれている存在のことを聞いている人もいるかと思いますが、これらの存在を指しているのではありません。一部のコンタクティと呼ばれている人たちの話だけでは説明しきれていない全容があるのです。

シャラン　なるほど。いろいろと複雑なのですね。とにかく、人類が善の存在であり、ドラコが悪の存在であるという単純な話ではないことがよくわかりました。

アドロニス　それぞれの種族たちは、自分たちの種族を〝悪〟とみなしていません。ドラコたちは、物質的な世界で最も生産性を高めることを目標としていて、それは、他の種族ではできなかったことでもあるのです。**彼らは、さまざまな種族に対して上から統治することで、逆に彼らに対して自由をもたらす**とさえ信じています。彼らのメンタリティでは、自由とは彼らを通してしか得られないと思っているのです。

これは、**今の地球の政府などの立場の見方と同じ**だったりします。政府は、国民は自分たちを通して自由になると思っていますから。ですから、ドラコエンパイア側にしてみれば、すべての生命に対して最も偉大な奉仕をしている、と信じていて自分たちが悪の存在だなんて決して思ってもいません。現実とは、その解釈の仕方によってまったく違うものになり得るのです。この世界には、善も悪もなく、ただ、ものの見方が存在しているだけなのです。

シャラン　本当ですね。どちらにしても、地球の浄化が進んでいるということはいいニュースだと思います。

アドロニス　そうですね。それでは、この時点でいったん休憩を取り、また後にお話を続けましょう。

シャラン　はい。ありがとうございました！　では、また後でお会いしましょう。

第3章

今、シリウスが注目される理由

謎の「オウムアムア」は、何百万年も漂流する宇宙の箱舟!?

アドロニス　はい！　またここに戻って参りました。ランチを取ってエネルギーも充電しましたね。少し早いですが、ハッピー・バースデイ！

シャラン　ありがとうございます！

アドロニス　そして、ブラッドにも、ハッピー・バースデイ！　でも、もう君は自分の誕生日のことはわかっているよね。では、はじめましょう。

シャラン　では早速ですが、2017年に太陽系の外から飛んできた謎の物体、「**オウムアムア**※」について教えてください。

アドロニス　それは、**シリンダー型の宇宙船**のことを言っていますか？　これについて、何を知りたいのですか？

シャラン　はい。地球で観測されたこのオウムアムアは彗星だとか、隕石だとか、また、UFOなどともいわれていますが、実際にはどのようなものなのでしょうか？　どこから来て、どこへ行くのでしょうか？また、何の目的で飛んできたのでしょうか？

アドロニス　私たちはこれを「**箱舟の宇宙船**」と呼んでいます。**この宇宙船は何百万年も前に造られたもので、宇宙船の中には住人もいます。**この銀河系の中で共通している種族たちです。その住人たちには、爬虫類人として知られているレプティリアンに鳥類系の種族、水中に生息する種族、ヒューマノイド型の哺乳類種族、哺乳類動物の種

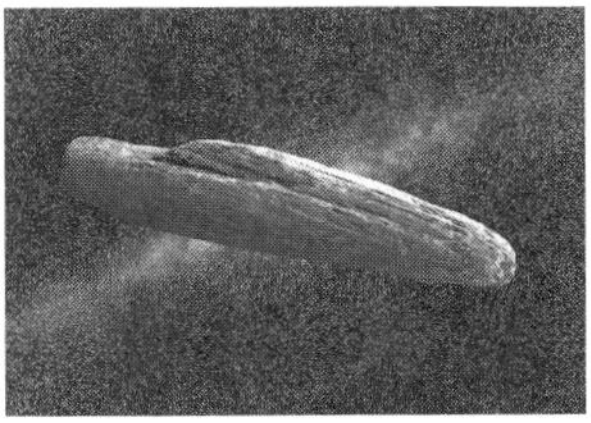

※オウムアムア
2017年に発見された天体観測史上初の太陽系の外から飛来した天体で、当初は太陽系内の彗星や小惑星とみなされていた。また、オウムアムアが太陽に接近してきた際とそこから離脱する際に不自然な加速を行ったとして、太陽の輻射圧を利用した地球外文明の探査機である可能性を示唆する説もあった。

族、そして昆虫類型種族などの種類がいます。つまり、**この箱舟タイプの宇宙船には古代から生息しているこれらの種族の宇宙人たちが乗船している**のです。

シャラン　えっ!?　何百万年も前のものが今、まだ飛んでいるのですか？その宇宙人たちはずっと生きているということ!?

アドロニス　この宇宙船について伝えられることは、ある場所で戦闘があり、その戦地から逃れるためにこの船が遣わされたということです。そしてその後、**この船は何百万年もの間、宇宙を漂流し続けている**のです。今後、この船がどのような軌跡をたどるかというと、今はオリオン座を越えた方向に向かっていっていますが、この船の最終目的地がどこかということは、この時点ではわかりません。

長い時の中で、この船にあったものはすでに他の種族たちによって略奪されてしまったものもあり、特に、この船のテクノロジーの側面はすでに奪われてしまっていますが、宇宙船の中の多くの部分は、まだ触れられていないものもあります。地球のスペースプログラムのメンバーの中には、この乗り物に乗った人たちもいます。

彼らは、**この船の航路がオートマ化されていて、自動運行していることを発見**しました。この船のエネルギーは太陽光のエネルギーが使用されています。ですから、この船がある太陽系やスターシステムに自動的に突入していくのは、そこで**自動的にエネルギーを再充電するため**なのです。そして、再び違う軌跡を描いて進んで行っているのです。

シャラン
信じられない！　自動的に充電することが可能だから、何百万年もエネルギーを補給することなく飛び続けられるんだ。古代の船なのによくできていますね。

アドロニス　彼らは乗船している存在が、**種を保存するために生命を維持する保存庫に入れられているのを発見**しました。つまり、**人工冬眠に入っているような状態**ですね。今、この船に乗っている存在の誰もがここで保存されている状態にあり、起き上がって生命活動をしている者はいません。それらは古代の5つの種族（レプティリアン、鳥類系の種族、水中に生息する種族、哺乳類、昆虫類人）です。彼らの系譜をたどると、リラ（こと座）の星の歴史につながります。リラのスターシステムの中には、これらの5つの種族が存在していたのです。

オートマ化されて
何百万年も飛び続けるオウムアムア

シャラン　この5種族もいつか目覚める瞬間が来るのでしょうか。それにしても、SFを超えた世界ですね！

なぜ今、世の中はシリウスなの⁉

シャラン　では、次にシリウスについて教えてください。今、どうしてシリウス関連の情報や、自分はシリウス出身であるということを語る人たちが増えてきているのですか？　一昔前は、プレアデスの情報がたくさん出てきている時代があったと思うのですが……。

アドロニス　まず、プレアデスに関する情報が減ってきたわけではありません。ただし、**今の時代は、よりシリウスにルーツがある人たちが、**

そのときの記憶を呼び覚ましはじめているのです。**シリウスの中の幾つかの種族は、人類の遺伝子に組み込まれているということで貢献をしている**のです。

たとえば、地球にいるイルカたちもシリウスに起源を持っていますね。シリウスにルーツを持つ種族にはヒューマノイドや鳥類系、水中生物系などが存在しています。古代のエジプトの神、「アヌビス」※はシリウスBに存在している犬型の存在から現れたものです。犬型の存在は、ドーベルマンピンシャーと呼ばれる種類の犬のような姿をしたヒューマノイドです。地球にはシリウスを起源とする存在が何千年もの昔からいるのです。

たとえば、南アフリカのドゴン族などはシリウスから来た水中生物型をした神を崇拝していることで知られています。こういったこと

※アヌビス
エジプト神話に登場する冥界の神。ミイラづくりの神として知られており、犬またはジャッカルの頭部を持つ半獣もしくはジャッカルそのものの姿で描かれている。

も、**今、地球で行われている実験のひとつ**でもあるのです。これがアフリカの南部から西部の地域の海の中で行われています。

シャラン　海の中にも地球外生命体がいるのですか？

アドロニス　通常、魚のような姿をした存在や水中生物型の存在は、深海に住んでいますね。沖の方の洞窟の中に住んでいる存在もいます。魚のような姿をした海洋生物ですが、やはりヒューマノイド型の存在です。

シャラン　人魚もそのようなタイプと言えますか？

アドロニス　はい、ある程度は似ています。でも皆さんがイメージする人魚は顔や上半身が人間で下半身が魚の姿だと思いますが、そうではありません。髪の毛がまったくなくて全身にウロコがあり、魚のような目にエラがあるという、魚のように見えるヒューマノイドタイプなのです。こういった存在のことを水中生物系の生命体と呼んでいます。

シャラン　そんな存在たちも、今、私たちと一緒に地球に存在しているのですか？

アドロニス　そうです。**今、この地球上で人類に関する実験以外に、17種族の実験も行われている**のですが、その多くは水中で行われています。その他にも地底や大気圏で、そして地上でも人里離れ隔離されたような場所で行われています。**地球での実験は人類だけに行われているわけではない**ということです。もちろん、**実験の中で最も壮大な実験は人類への実験**ですけれども。

宇宙船の修復を手伝う「シリウス・スペシャリスト」とは？

シャラン　そのような実験は、どこかの国の政府が行っているのですか？　それとも、同じ地球と言っても私たちの目に見えない次元で地球外の存在によって行われていたりするのですか？

アドロニス　その質問に答えるのは、難しいですね。**このような実験がされていることを知っている国もあれば、そうではない国もあります。**政府といってもいろいろな機関や組織などもあり、どこまでを政府とみなせばいいかという問題もあるでしょう。けれども、政府の相当高いレベルであっても、地球上や地球の周囲、そして地球の上空で行われている事柄については把握されていないことがたくさんあります。

というのも、**実験を行う高次元の存在たちが、この次元の体制に向けては全容を明らかにしていない**のです。現在の政府機関の最新のテクノロジーを以てしても、行われている実験は探知不可能でしょう。**目に見えない存在たちが活用するテクノロジーは、地球人の理解を超えている**からです。基本的に、これらの実験の多くは外の存在たちから見守られながら行われています。**天使界の存在たちによって、これらの実験は隠されています。**天使界の存在とは、皆さんの聖書に書かれているような存在たちのことです。

シャラン

そうなのですね。いろいろと突っ込みたい質問もどんどん出てきますが、シリウスの質問に戻りたいと思います。シリウスの人たちは地球人に対してどんな役割を持っているのでしょうか？

アドロニス　過去に地球人と関わってきたシリウス人たちは、皆さんと遺伝子的なつながりがあります。ですから、まずは遺伝子的な部分での役割ですね。また、地球のある国の政府の関係者との交換条件によって、テクノロジー面で協力をするという契約を交わしているシリウス人もいます。

地球外から飛来してきた宇宙船の中で、**地球の政府機関によって撃墜されたり、ダメージを受けた宇宙船の修復に関わる研究機関**があり、そこでは**シリウス人たちが招集される**ことがあります。彼らは「**シリウス・スペシャリスト**」と呼ばれています。ある政府機関は、シリウス・スペシャリストから**宇宙船に関わる技術や修復技術などを教えてもらっている**のです。

彼らはシリウスBからの存在たちです。中には皆さんがグレイとして認識しているような外見をしている存在もいます。頭が大きい人たちですね。他にはディープブルー色の存在がいて、深い青色をしているのでアズライトと呼ばれています。彼らはテクノロジーの面で非常に秀でているだけでなく、遺伝子学の分野でもマスターレベルの知識がある遺伝子学者です。

シャラン　ブルーの存在というと、映画の『アバター』※を思い出しますね。ちなみに、そういったＵＦＯの修復作業みたいなものは、アメリカのネバダ州にある米軍が管理している「エリア51」で行われているのですか？

アドロニス　いいえ。エリア51でも宇宙船の修復はある程度は行われてきましたが、**エリア51では、黒い三角形をした宇宙船の修復**が主に行われていました。あなたたちが「**ＴＲ３Ｂ**」※と呼んでるタイプのもの

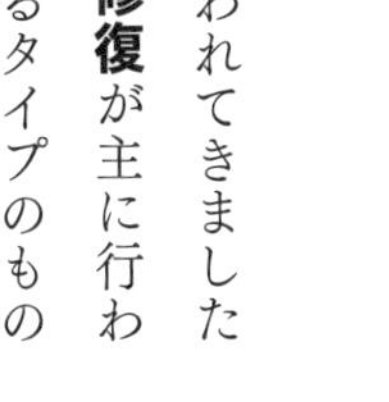

※アバター
ジェームズ・キャメロン監督によるアメリカとイギリスの合作映画（2009年に公開）。最新の3D映像による劇場公開が話題になり、世界で興行収入歴代一位の作品となった。あらすじは、未来の地球で人類が衛星パンドラを訪れそこの先住民と戦闘を繰り広げる一大アドベンチャー映画。

ですね。エリア51では主に「**リバースエンジニアリング**（ハードウエアなどの完成品などの構造を解析・分析することで、その技術を取り入れて、同じようなものをつくる）」を行っていました。エリア51は「ドリームランド」というあだ名がついています。

シャラン　TR3Bは、人間が造った地球製のUFOと考えていいですよね？

アドロニス　そうです。リバースエンジニアリングで造られたものです。

シャロン　今、あちこちで頻繁に目撃されているUFOは地球製が多いといわれていますが、それは正しいですか？

アドロニス　いいえ。**地球製ではなく、他の地球外生命体によって撃墜機をリバースエンジニアリングされたUFOが多い**です。地球上で

※TR3B
米軍が極秘裏に開発したとされる三角形のUFO型の軍用機。反重力で動く戦闘機ともいわれている。しばしば、UFOと認識されて報道されていた。

も他の地球外生命体との間で交渉が行われて技術の交換もなされているので、地球外からのＵＦＯが多く飛んできています。木星の惑星系あたりで銀河レベルの星間交易が行われています。人類もそこでの交易に参加しています。**人類も他の地球外生命体からの技術を入手してリバースエンジニアリングを行っています。**火星の惑星系のあたりでも同じような交易が行われている場所もあります。

シリウスA、B、Cの違いとは？

シャラン　すでに人類も宇宙レベルでの貿易にかかわっているのですね。ロマンがありますね。ところで、アドロニスはシリウスＡからやってきたとのことですが、シリウスＢとシリウスＡの違いを教えていただけますか?

アドロニス　**シリウスA、B、Cの違い**ということでいいですか?

シャラン　3つあるのですか?　では、その違いを教えてください。

アドロニス　わかりました。まず、**シリウスAは一番大きな恒星**です。技術的な分野におけるテクノロジーに関してはそこまで進化していませんが、**スピリチュアル的には進化したスターシステム**です。我々のシリウスAの密度の中には17の惑星があります。シリウスBには、14個の惑星があります。シリウスCには1つしか惑星がありません。**シリウスBは、よりテクノロジーに精通したスターシステム**です。彼らが組織している自治体のようなものがあり、この管轄では宇宙のマフィアみたいな存在が主導権を握っています。彼らは、貿易、商業、テクノロジー、遺伝子交易などを行っていて、シリウスBには数多くの文明が存在しています。もともと、先住していた種族ではなく他所からやってきた存在たちが多いです。ニューヨークがどのように機能しているかを考えたらわかると思いますが、似たような感じです。巨大なマーケットが多様性のある種族たちによって取引されている、というような感じです。

シリウスCはどちらかと言うとそこから孤立していてあまり外部と関わることはせず、自分たち独自の実験などに集中している人たちです。

シャラン　イルカ型といわれるのはどこに所属している存在たちですか？

アドロニス　**シリウスAとB**です。今、地球にも来ていますよね。プレアデスにもイルカ型の存在たちはいます。シリウスからプレアデスの方に移住していったのです。いわゆる水中にいるイルカの形の種族はシリウスBからです。また、人型や鳥型のイルカという種類も存在しています。彼らはシリウスAからです。イルカ型も幾つかの種類が枝分かれして派生していて、ひとつの場所だけをルーツとするというものではありません。イルカの遺伝子情報の原初的なものは、他の宇宙から来たものです。イルカ族に限らず、他の種族に関しても、他の宇宙からやってきた者たちです。人類の原初的な遺伝子も最初は他の宇宙からもたらされて、そこからこと座の方へと移っていたのです。

シャラン　イルカ族も、シリウス出身だけでなくいろいろな種類と出身があるのですね！

アドロニス　こんな形でイメージしてみてください。両手を前に出してみてください。両手を合わせた手の平に他の宇宙からすでにたくさんの種が入っているとしましょう。創造主があるひとつの種を、ひとつの両手（＝惑星の中）の中に、もうひとつの別の種をもうひとつ別の人の両手（＝別の惑星）の中に入れる、という感じです。どの惑星にどの種を入れて育てるか、ということが決められてきたのです。それぞれの惑星の環境や状況がその種が育つのに一番適している、というところで決められていたのです。ある星では育つ種が、別の星では育たない、ということがあるからです。

繰り返しますが、**この宇宙のすべての生命は、すべてもともとは他の宇宙からやってきた者たち**です。そして、**ひとつの惑星の種族がひとつの場所を起源としている、というものではありません。**この宇宙、そして惑星は、**他の宇宙から持ってこられ**

た種が植えられた畑や花壇の土壌みたいなものです。特定の種を育てる場所、ということです。**あなたたちの宇宙は、他の宇宙と比べると、まだまだとても若い宇宙**です。けれども、そんな中で人類という種は神が創造したことにより、より特別な種なのです。

夜空に輝くシリウスとスピリチュアルなシリウスは同じもの

シャラン　そうすると、人類以外の種は誰がつくったのでしょうか？

アドロニス　他の宇宙から来た創造主ですが、やはり、神のようなエネルギーの存在から創られています。ただし、他の種族たちは人類ほど神の関与はなかったと言えるでしょう。人類という種族は神に選ばれたのです。他の種族たちは違う意図やデザインのもとで創造されたものであり、神が手で粘土をこねるようにして創造されたものではないのです。

シャラン　今までお話を聞いてきたシリウスA、Bなどのお話と私たちが地球から夜空で目視できる星、シリウスは同じものだと言えますか？　それとも次元の違うお話ですか？

アドロニス　答えは、イエスでありノーです。**夜空で一番輝いている星は、シリウスAです。**それは、**シリウスAの次元のある瞬間を見ている、**というような言い方ができます。ただし、シリウスであっても、他の星であっても、皆さんから見えない次元もあるのです。たとえば、**私たちがいる世界の次元およびそこに存在する惑星の数々**

は、皆さんからは完全に目に見えない次元です。

シャラン　シリウスは宇宙のゲート、玄関のようなところだといわれていますがそうなのですか？

アドロニス　シリウスは宇宙にたくさんあるゲートのうちの1つだと言えるでしょう。けれども、**ゲートといっても交通機関としてのポート（港）と言うよりも、取引所のような場所**です。銀河の中で位置的に交易がしやすい場所だというのもあります。そして、多種多様な幅広い種族が存在しているという理由で文化や文明を交換しているのです。

第4章

地球人が第3密度から第4密度へ移行する＝覚醒する方法

密度と次元の違いとは？

シャラン　よくわかりました。それでは、アドロニスが現在いる第6密度というのは、どういう所ですか？　それは、第6次元と同じ考え方ですか？　密度と次元の違いについても教えてください。

アドロニス　まず、シリウスにもすべての次元と密度が存在しています。**多くの方が密度と次元をごっちゃにしている**と思われます。宇宙内に存在しているすべての生命、エリア、星、銀河などは、次元と密度の影響下にあります。まず、皆さんにとっても、「密度」と「次元」という言葉の意味は違いますよね。今、**人類は4次元に存在していますが、これは空間という3つの次元（長さ、高さ、**

幅）に時間という1つの次元を足して4次元と考えるものです。

シャラン　なるほど。私たちはこの世界をよく3次元と表現しますが、次元としては4次元なのですね。

アドロニス　はい。けれども、密度でいい表すなら、皆さんは第3密度の中に存在しているのです。密度とは、「振動原子量（vibrational atomic weight）」が尺度になるものです。ある特定の密度の流れの中で、「原子がどれくらい速く振動しはじめるか」にもとづいて密度が決められるのです。あなた方は、**今この瞬間、4次元と第3密度の中に存在しているの**です。

シャラン　ということは、私たちのいる世界は第3密度であり、4次元ということですね。

地球人がいるのは第3密度&4次元

アドロニス　そうです。これをたとえ話で表現してみましょう。長方形の形の水槽の中に水が入っていて、そこに1匹の魚が入っているとします。この場合、水槽の中の水が密度になります。そして、水槽そのものを次元と呼びます。その中にいる1匹の魚は、直線状の継続する現実の中に存在しているので、それは、時間の1つの次元を表しています。ではそこから、網で水槽の中の魚をすくい上げます。そして、その魚を空中で浮いている球体の中に入れてみます。そうすると、その魚は生き続けることができません。なぜならば、魚はその変化に対応できるように調整されていないからです。

シャラン　そうですね。魚は水の中でしか生きられませんからね。

アドロニス　そこで、ちょっと時間を戻してみましょう。水槽の中から魚を網で取り出す前の状態に戻りました。魚の身体に環境の変化にも対応できるような変容を加えました。魚が水の外でも生きられるようにしたのです。そして、水槽から再び網ですくってさっきのように空中に浮く球体の中に魚を入れると、魚はその球体の中でも生きられるようになっているのです。

シャラン　はい、ここまでは、なんとかついてきています(笑)。

アドロニス　このとき、**魚は第3密度から第4密度へとシフトをした**ことになります。また、**長方形の水槽から球体へ容器も変わったので、次元も変わりました。**私たちの側から見ると、魚が第3密度から第4密度へと生きたままの状態で移行したことを理解できるのですが、魚の方は、移行している時に時間が一度止まったかのような体験をしています。でも本当は、**時間が止まったわけではなく、次の次元へと生きた状態で移行しているだけ**です。

でも、このことは、**魚の第3密度的で4次元的なものの見方を超えたところで起きている出来事なので、それが自分に起きていることがわからない**のです。起きたことがわからない理由をご説明します。移行した後、魚はすでに第4密度の中に生きていながらも、これまでのように空間という3つの次元（長さ、高さ、幅）が周りにある世界で、自分の身体も同じように見えるから気づかないのです。でも、ここでの違いは、時間の次元の時間軸が2つあるのです。なので、**水槽という低い次元の中では理解できなかった新しい現実を体験している**ことになります。

アドロニスの語る密度と次元について

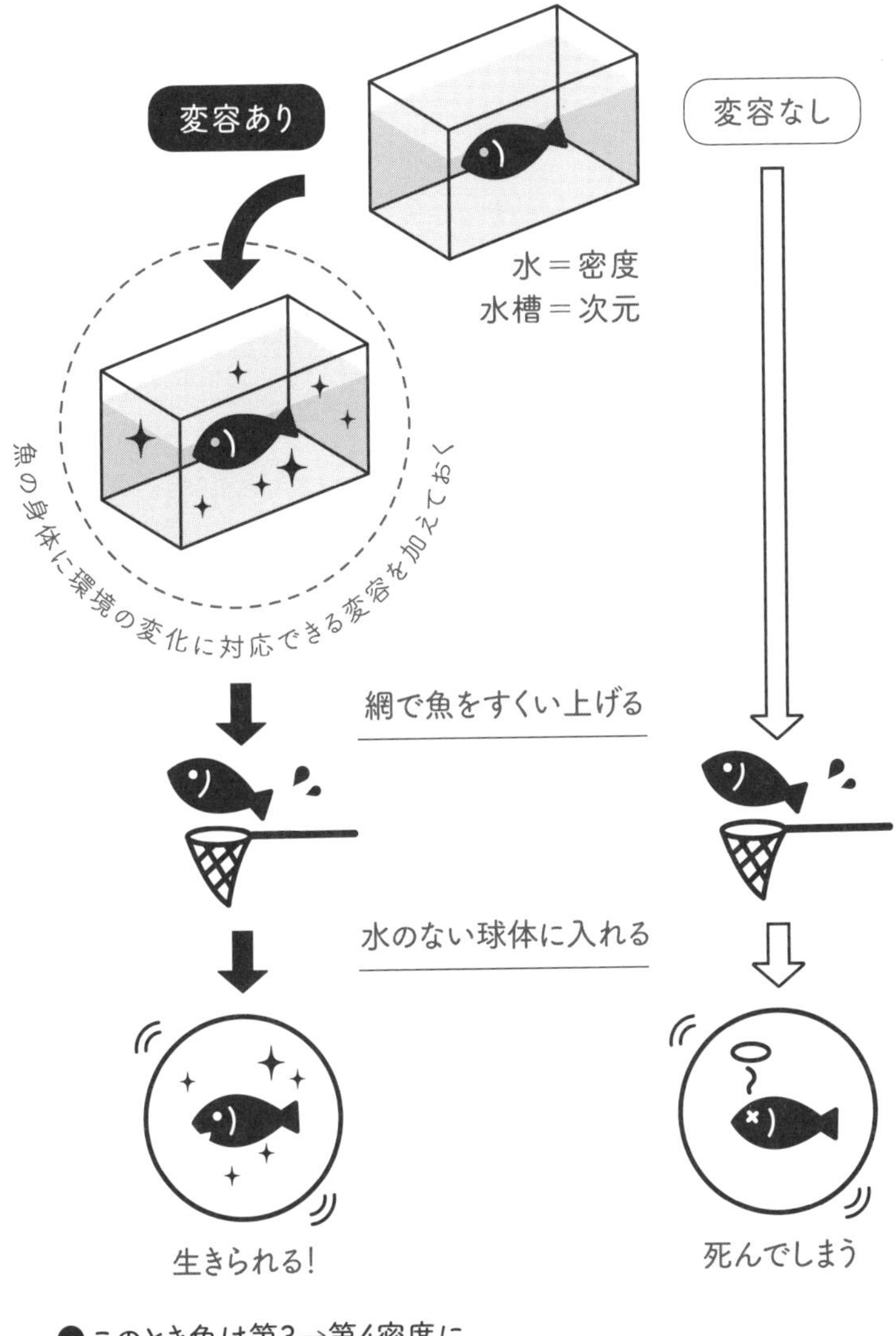

- このとき魚は第3→第4密度に移動したことになる
- 長方形から球体へと次元も変わる

シャラン　水槽から球体の器に移ったことを私たちは認識できても、魚自身は認識できないということですね。

アドロニス　他のチャネラーの方からもいろいろな説明を聞いたことがあるかと思いますが、多くの方は「地球は、3次元から5次元へと移行する」というふうにおっしゃいますね。この説明は、密度と次元の概念を組み合わせてしまって、ごっちゃになっているかもしれません。もちろん、その方々が間違っているというわけではないのですが、次元の見方からしか説明できていないということでもあるのです。

でも、やはり、密度と次元の両方からの理解が必要なのです。以上のことから密度と次元をまとめると、「**密度は現実の重さを表すものであり、次元というのはその現実を包んでいる外側の枠組**

み、入れ物」のことを言います。

シャラン　今の説明はわかりやすいですね。実は私は寝ているときに、いろいろな存在たちがやってくるのです。そして、そのときにわからないことを質問することがあって、同じ質問をしたことがありました。そのときに、ある存在が言うには、「**次元は枠組みで密度はその中の状態である**」ということ。

たとえば、水が氷になったら密度が変わり、氷が熱で溶けて水蒸気になればまた密度が変わる。氷は固いから形はそのままだけれど、水は容器の形次第でその在り方を変えられる。水蒸気になったら形がなくなる。つまり、自分が氷だったらどこにも移動できないけれど、自分が水なら形を変えられ、さらには水蒸気になったらどこにでも移動できる、自由になる、というふうに説明されたことがありましたが同じ理解でいいですよね。

アドロニス　はい、大丈夫です。

シャラン　そうすると、私たち人間が第3密度から第4密度へ移行するときに、どのように自覚できるのでしょうか？

第3密度から第4密度への移行が「覚醒」

アドロニス　**多くの方はまったく気づかない**でしょう。第4密度に完全にシフトした後も、そのことにまったく気づかない人の方が多いはずです。

というのも、**その変化、移行が非常になめらかで、見事にわか**

らないような感じで起きてしまうからです。ただ、第3密度から第4密度へ移行したときにわかる兆候は幾つかあります。

まず、**現実がより鮮明になり、直感が鋭く**なります。また、**物質レベルを超えて、他の存在たちとのつながりを感じる**ようになります。また、**食生活もより軽いものを好む**ようにもなります。

中には、物事を事前に認知できる力、「このことは、前から知っていた」というような感覚を持つ人も出てきます。つまり、**何らかのアクションが起きる前にそのことが感覚的にすでにわかる、**というような感覚です。これが「時間を横に移動する」といわれている現象です。他の可能性が存在していることに気づき、それにもとづいて行動を起こすことができるようになるのです。これが時間の2つの次元を行き来することにより実現できるのです。

また、中には**エンパス（共感能力）やテレパシーの能力が発揮**されて、相手のことがよくわかる、ということができるようになる人もいます。**現実が自分にとって粘土のように柔らかくなるので形づくりやすいものになり、生きやすい現実をつくる**ことができるのです。第4密度により深く入っていくときに、よくある兆候としては以上のようなものがあります。

シャラン　つまり、第3密度から第4密度へと移行することが、私たちにとっては「覚醒する」ということになるのでしょうか？

アドロニス　はい、そうとも言えますね。併せて、**皆さんの身体も新しい周波数に合うように変容**していきます。そのときには、まったく新しい身体になるはずです。あなたは、第3密度の身体と一緒に第4密度に移行することはありません。それは、まるでヘビが皮を脱ぎ捨てて、皮の下から新しい身体が現れて地面を這《は》っていくような感じですね。

だからこそ、感情のワークを行うことが大切なのです。第3密度の中に感情というものが、どっぷりと錨《いかり》を降ろしていると、そこに皆さんをとどめてしまいます。第3密度的な感情は第4密度に持っていくことはできません。ということは、第3密度につながる感情から超越できれば、第4密度へ移行できるということなのです。

シャラン　第4密度への移行は、感情をコントロールできるようになればいいということですね。

第4密度への招待状になる3つのキーワード

アドロニス　これを、たとえ話で表現してみましょう。あなたは刑務所の中で手足が鎖でつながれている状態です。ある日、あなたの刑務所の檻《おり》のドアが開かれて、別の部屋に移動できることになりました。それは、次の密度の部屋です。あなたは早速、ドアに向かって行こうとしますが、手足が鎖で壁につながれているので、ドアにも近づけません。

これと同じなのです。

どうして部屋から出ていけないのか、何があなたの鎖になっているのか、という部分に目を向けてほしいのです。だから、**あなたを第3密度にとどめているトラウマに対するワークが必要になる**

のです。そのためにも、**トラウマに対して、「愛」「慈悲」「ゆるし」を送ってあげて**ください。すると、あなたを引き留めていた鎖は自然にほどけます。そして、次の部屋、または、次の密度へ入っていくことが可能になるのです。

実は、これはシンプルなプロセスなのですが、皆さんがこの世界に投影している感情があるために、よけいにこのことを複雑にしているのです。ひとたびこの問題が解決すれば、あなたも解放されて次の密度へ入っていくことが可能になります。

シャラン　それでは、錨を降ろすほど私たちを縛っている感情の鎖を解く方法を教えてください！

アドロニス　はい。それでは、簡単なエクササイズをお教えしましょう。

第4密度へ移行するために、感情の鎖を解くエクササイズ

1

グラウンディング

自分をセンタリングして、自分の中心を整える。

自分と大地をつなげるグラウンディングを行うために、自分の足の裏にエネルギーの根っこが生えていることをイメージする。


その根が地球の中により深く入っていく。

大地の色であるブラウン色の光が自分の足の裏から入ってきて、そのブラウンの光のエネルギーを頭の上まで巡らせる。


そのとき、自分自身が“木になって根をはっている”感覚を感じる。

心が静かに落ち着くまでゆっくりと深い呼吸を繰り返す。

2

「愛」「慈悲」「ゆるし」を招き入れる

心が落ち着いたら、「愛」と「慈悲」と「ゆるし」を自分の中に招き入れる。

そのとき、これらの3つの要素が光のオーブのような形で自分のハートの中に入る感覚をイメージする。

自分が新しく誕生したばかりの星になって、ハートが温かくなる感覚を味わってみる。

身体の中に宇宙からこの3つのエネルギーが注がれて、全身が満たされるイメージをする。

3

アファメーションする

次の3つのフレーズを自分に宣言する。

「私はこの愛に値する人間だ」
「私は慈悲深くなれる」
「私は自分に対しても、他人に対してもゆるしをもたらす」

3つのフレーズを宣言して、完全に自分の中でこの3つが自然に受け入れられるまで静かに待つ。

このエネルギーが自分の中に流れていることが感じられたら、すでに心配事、不安、トラウマなどが流れ落ちているはず。

愛、慈悲、ゆるしでいっぱいになった自分には、もう恐れや怒りが入って来る余地もない。トラウマも欠乏感もない。

身体が十分に暖かく軽くなったら、呼吸をゆっくりと繰り返しながら、自身を解放した感覚を味わう。

アドロニス　このワークが十分に行えれば、自分につながっていた鎖を完全に断ち切れたことになります。あなたも、もう今いる場所から出ていけるのです。このエクササイズで鎖がほどけたことが証明できるのです。

シャラン　**1日に1度は行いたいワークですね。**

アドロニス　**この世界に存在するもので最もパワフルなものが愛**です。どうか、**自分の愛を過小評価しないで**ください。そして、できる限り頻繁にこのワークを行ってみてください。そうすると欠乏を象徴するすべてのものが溶けてなくなります。

人類には3つのトラウマがあります。それは、①「見捨てられた」、②「拒絶された」、③「虐待された」という3つのトラウマです。これらが欠乏感につながっているものです。そしてまた、実は幻想でしかない欠乏感がトラウマをクリエイトする、という繰り返しなのです。

愛の真反対にあるのが欠乏感です。けれども、愛を注ぎ込めば注ぎ込むほど、欠乏感は溶けてトラウマを超えていけるのです。愛に満ちたあなたは境界線もなくなり、制限のない存在になっているはずです。これこそがあなたが神として持っているパワーなのです。

イエス・キリストやブッダ、クリシュナはこのことを知っていました。古代のマスターたちは、この愛のパワーを理解していました。だからこそ、彼らは愛のために自らを捧げていたのです。どうか、あなたも自分の方法で愛のために自分を捧げてください。そうすれば、皆さんも彼らのいた場所まで到達することができるのです。神と共に、スピリットと共に、クリエイターと共にあることができるのです。

シャラン　ありがとうございます。

第5章

アドロニスの語る大宇宙のロマンがつまった「地球創世記」

アドロニスは物理的な存在ではなく記憶!?

シャラン　ところで、ブラッドがチャネリングするのは、シリウスAからのアドロニスの他にラヤールなどもいますが、このラヤールさんというのはどんな存在ですか？　お2人ともシリウスの太陽である「ラー」というエネルギーということですが、これについて教えてください。

アドロニス　まず、アドロニスという言葉は、「アンドロギュノス(androgynous)」という言葉からきています。男女両性とか両性具有という意味を持っています。つまり、**私たちは両性具有のエネルギーを持っている**のです。けれども、ブラッドは私たちのエネルギーを男性性、女性性という2つのエネルギーで受け取っています。そこで、**男性性のエネルギーになるとアドロニス、女性性のエネルギーになるとラヤール**ということになるのです。

シャラン　たしかに、アドロニスという名前は、アンドロギュノス（両性具有）という言葉と似ていますね。私も両性具有的なスピリットで生きているので、同じですね。

アドロニス　そうですね。私たちは、シリウスAの恒星のエネルギーであり、星の光の意識として皆さんとつながっています。言い換えれば、私たちはシリウスAにある星の光のあるひとつのグループとして存在しています。これはまた、私たちの先祖でもあるのです。というのも、私たちは歴史上のあるポイントで星の光を介してひとつの知性として一体となっているのです。ですから今、**ここであなたがコミュ**

ニケーションを取っている対象は、いわゆる〝記憶〟なのです。
つまり、皆さんは今、物質的な存在とやりとりをしているのではないのです。アドロニスとしての記憶が、シリウスの光の中に不滅の形として存在し続けているのです。

シャラン　では、私は今、**光の中にある記憶と話しているん**ですね!?

アドロニス　シリウスの星の中に記憶として存在する知性の集合体を、私たちは代表してお伝えしているのです。ですから、「生きているの?」と質問されるなら、答えは「イエス」です。そして、「何らかの形態をとることができる?」と質問されるなら、その答えも「イエス」です。
私たちは、自分たちが選ぶ形になることができます。時空間のどのポイントであっても、望む形をとることができるのです。

このような交流をしながらも、皆さんの知覚を超えたところで、〝意識の目撃者〟という形で見守っているのです。

シャラン　選ぶ形をとることができる、ということですが、肉体を持った存在になったことはありますか？

アドロニス　かつては、私たちも肉体を持っていた時代がありました。けれども、私たちのアセンションという進化の過程で、私たちの意識を恒星の光の知性に移行してきたのです。ですから、**私たちは自分たちのことを「星の光の意識」と呼んでいる**のです。これはシリウスAだけの話ではなく、**宇宙の中のすべての恒星は、天体の記憶が知性としてカプセルになったもの**なのです。

シリウスAの恒星と関わるすべてのもの、たとえば、惑星やそれ以外の現象は皆、そのカプセルの記憶とつながっています。そして、それらの惑星が繁栄するための生命力は恒星から送られてきているのです。惑星全体を進化へ導く進化のサイクルも、恒星の放射物によってもたらされます。進化のサイクルもまた、この恒星から出ている光から誕生しています。

つまり、**進化のレベルの中で、特定なサイクルのもとで進化するための必要な情報が恒星から放射される光の中にすべて入っているの**です。**恒星の周りにあるすべての惑星は、その恒星から生じたもの**です。土地も水もすべての元素もです。恒星から光を受ける惑星たちが生命を繁栄させていくためにも、恒星にある記憶のカプセルが用いられています。また、太陽系にある恒星の周りにあるすべての惑星は、その恒星から派生したものです。恒星が土、水、空気などすべての元素を持っているのです。

光の中に惑星を創造するソースが入っている!?

シャラン　つまり、放たれる光の中には、何かを創造するための情報というか、種のようなものが入っているということですね。

アドロニス　はい。すでに、歴史の中で科学的にも発見されているように、地球やすべての惑星のはじまりもまた、ただひとつの燃えている溶岩の塊みたいなところからはじまったといわれていますよね。太陽が加熱炉の役割をしているので、これは正しいです。また、地球の幾何学的な地形というのは、サッカーボールのような形とよく似ています。**すべてのものは、ハチの巣の形である「ハニカム構造」**※**から生まれている**のです。鍛冶屋が高熱によって金属を溶かして鋳

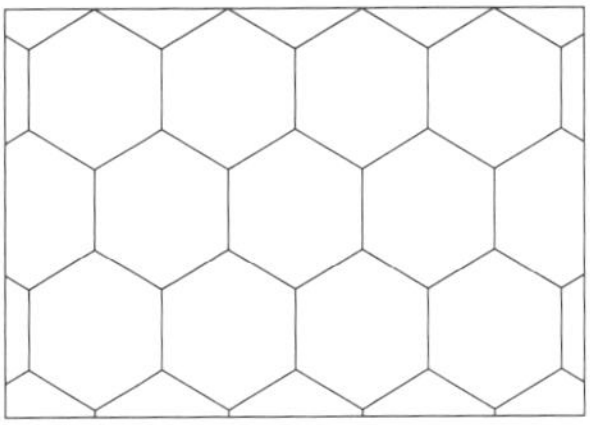

※ハニカム構造
正六角形、または正六角柱を隙間なく並べた構造。ハニカムとは英語で「ミツバチの櫛＝蜂の巣)」という意味であり、蜂の巣がこの形をしていることからハニカム構造と呼ばれている。この構造は軽度、強度、しなやかさを兼ねた自然がつくった理想的な構造であり、気泡状になった宇宙もハニカム構造でできているともいわれている。

型にはめて形をつくるように、惑星は創られたのです。

シャラン　6角形のハニカム構造は宇宙や自然界の基本的な構造といわれていますよね。地球は太陽の塊が元になっているのですね。

アドロニス　はい。**太陽が必要な元素をそれぞれの惑星に向かって送る**のです。ということは、水だって太陽から来ているのです。もし、あなたたちの太陽系の太陽を詳しく分析するとしたら、**太陽の中にはかなりの量の水分を発見することができるはず**です。ですから、地球の創生期に、地球に準備ができた時点で太陽から水が送られてきていたのです。その惑星で生命を誕生させるために、そのような働きがなされていたのです。太陽の持っている磁場が、周囲にある惑星が自転と公転をするために一番適した磁力を持っているので、このようなことも可能なのです。これにより季節の周期もはじまります。

シャラン　一般的には、太陽の表面の温度は何千度もあるとされていますよね。でも、ここ最近では太陽の表面温度は26度程度の常温であり、植物なども生息している説も出てきています。その説だと太陽には水分があるということも十分納得できますね。

アドロニス　はい。また、惑星の重力をつくる磁力の波は、ある一定の音の周波数によって生み出されています。つまり、**ある特定の周波数によって金属を曲げたりすることも可能**なのです。それぞれの惑星が自分の軌道の中で活動できるように、太陽からの磁力と音の周波数を使ってそれを行っています。**惑星のクリエイターはそれを調和の中で行っている**のです。その後、惑星に種を蒔くときには、隕石とか小惑星の落下の衝突のような形で行われます。その際に、落下物の中に酵素や蛋白質などが含まれていることから生命が誕生するのです。**この小惑星の落下が何百年間から時には何千年も続くこ**

とによって、たくさんの種が蒔かれることになります。これは、原子爆弾の強さの何倍も大きい規模のものと言えるでしょう。

シャラン　自然界の摂理というか、宇宙の摂理はすごい！

アドロニス　そのときに、**時間のカプセルもクリエイトされます**。惑星を時間の場でカプセルのように覆うことで、そこから一度、**意図的に何百年間かの冷却期間を置く**のです。その期間を終えた後に、**地球上にさまざまな生態系が芽を出す**ことになるのです。また、**意図された時間の中で、海や地上なども形作られてくる**のです。その**土地の上に植物なども育ちはじめる**のです。惑星がある程度のところまで成長すると、この時間のラップもなくなります。その後、単純な生物が育ちはじめます。

生命体は箱舟から運ばれてきた⁉

シャラン　必要な時間も、そうやってプログラミングされていたんですね。

アドロニス　こうして、**その惑星が成熟すると、箱舟の宇宙船がきます**。その中に、**その惑星にふさわしい生命体が入っています**。そして、惑星上の特定の地域にそれらが運ばれます。惑星上では気候も違うので、それぞれの気候に適応できるものが運ばれます。最初は単純な生物から、その後、その地の自然に合った生物が繁殖しはじめますが、最も単純な生命はバクテリア、菌類です。これらはミクロライフと呼ばれるものです。

それから昆虫類、そして海洋生物へと進化しますが、サンゴ礁などもこの時点で誕生します。あるポイントが来ると、大きな動物や地上で生きる動物や哺乳類などのマクロライフが誕生しはじめます。これらの生命体が、箱舟の宇宙船から安全に降ろされることになるのです。この**箱舟宇宙船は、**通常は**球体の形**をしています。**意識を持って生きている船**なのです。**この惑星がある時点まで成熟していくと、人類のような意識を持つ生命体が次に誕生**してきます。これが、惑星が創造される簡単な概要です。

シャラン　ということは、ある意味、聖書に書かれていることは本当なのですね。箱舟についての叙述などは似ているような……。

アドロニス　箱舟のところはそう言えますね。箱舟の宇宙船は、地球に生命を運んできた役割は果たしていました。実際には、箱舟といっても四角い形をした船ではなく、球体の船でしたけれどね。でも、聖書には地球が6日間で創造されたと書かれていますが、実際には、地球は6日間ではなく長い時間がかかっているわけですから、そこは正しいとは言えないでしょう。この6日間というアイディアは、キリスト教における「1週間」という時間の単位の考え方をもとに使われているわけですね。

シャラン　そうですね。お話を聞いているだけでも1週間ではとても地球は創れません。ところで、こういったことを行うのはクリエイター（創造主）ということですが、どういったクリエイターなのですか？ 地球の創造主と同じクリエイターですか？

アドロニス　複数の古代の世界を創ったクリエイターたちです。その中には、皆さんの物質次元にはもはや存在していないクリエイターもいます。

クリエイターという存在に、もし名前を付けるとしたら、皆さんの概念に一番近い存在は、「エロヒム」※と呼ばれる天使たちになるでしょう。彼らは、アバターボディをクリエイトして仕事をして役割が終われば、アバターボディを消滅させて元いた場所へと戻っていきました。

地球は、ほんの少しだけ愛に傾いている

シャラン　この宇宙は壮大な実験場みたいなものと捉えていいですか？

アドロニス　はい。**この宇宙は神の庭**みたいなものです。たくさんの宇宙からやってきた生命たちがこの場所で進化して拡大していく、という目

※エロヒム
旧約聖書にも出てくる神。この世界のすべてを支配し、すべての生命を創造したといわれている全能の神であり創造主。ヘブライ語では、「天空から飛来した人々」という意味になり、異星人たちを意味する。聖書の中では、神と訳されている。

的のために準備された花壇のようなものです。

シャラン　神の最終的な目的というのは、さまざまな種が豊かに繁栄して広がっていく、ということでよろしいでしょうか？

アドロニス　**クリエイターたちは、自分たちの役割を果たしている**ということです。**彼らは神の意思に従っている**ということです。

シャラン　そうすると、創造主であるクリエイターたちの上にまた神がいる、ということですか？　クリエイター＝神、ということかと思いましたが。

アドロニス　**クリエイターを含むすべての存在は〝究極的な神〟のもとで働いている**、ということです。究極的な神のもとで働いていない存在は、この宇宙には誰もいません。悪とみなされている行いですら、神のために働いているのです。**すべてのものは神の無限の意思による生命のサイクルに従っているだけ**なのです。ただし、**この宇宙は少し愛の方に傾いています。**愛の方に50・1％傾いています。なぜならば、この宇宙はより女性的な宇宙だからです。49・9％が男性性ということになります。

シャラン　アドロニスは、たびたび父なる神、母なる神という表現をされますが、神に性別はあるのでしょうか？

アドロニス　**神には性別はありません。**皆さんにとって理解がしやすいように表現しているだけです。それでは、ここで一旦また戻りたいと思います。さようなら。

シャランによる
ブラッド・ジョンソンの
リーディング ＠ブレイクタイム

シャラン

う～む。ブラッドには、東洋の聖者みたいな人がガイドとしてついていらっしゃるように思えます。中国の禅の僧侶だった※達磨大師みたいな人。洞窟の中で厳しい修行をしていたようなビジョンが見えますね。達磨大師は足が腐って落ちるまで行をしていたようなストイックな人だったんです。だから、今のブラッドもすごくストイックで、かつ我を忘れてまで何かを探求するようなところがあるのではないかと思うんです。何かをどこまでも深く追求する強いエネルギーをお持ちの方ですね。

ブラッド　達磨大師は僕と同じ牡羊座だったんですよ。僕と同じです。イエス・キリストも、ブッダもです。

シャラン　私も牡羊座ですからね。牡羊座は、暗闇の中から光に向かって飛び出す新芽のような特性があるのです。

ブラッド　わかります。

シャラン　どうして今回、私たちにこのようなセッティングが用意されたのだと思いますか？　私としては、すごく光栄ですけれど。

ブラッド　人生において、お互いに同じ道を歩いているから、波動が引き合ったのでしょう。2日も続けて偶然会いましたよね。昨晩も、バッタリ、レストランで会いましたからね。

シャラン　偶然にも、隣同士で食事をすることになったんですよね。

ブラッド　アニメの話をしましたね。

シャラン　実は、アニメなどもクリエイターのエネルギーなんですよ。アニメは創造性が豊かな世界ですからね。だから、宇宙の創造の話のエネルギーと同じですね。

ブラッド　すべてのものは、クリエイションなんですよね。

※達磨大師
6世紀頃の僧で禅宗の祖であり、インドから中国に渡り少林寺で9年間座禅を組んで悟りに達したといわれている。あまりにも長期間にわたり座禅をしたために足が腐ったという俗説がダルマ人形になったといわれている。

休憩時間にブラッドを
リーディングするシャラン

第6章

パラレル・ワールドはプロバブル・ワールド
（起こり得る可能性のある世界）

アドロニスの解釈によるパラレル・ワールドとは？

アドロニス　再び戻って参りました。どうぞ、自由に質問をしてください。

シャラン　今、「パラレル・ワールド」という言葉があちこちで聞かれるようになってきましたが、**アドロニスの考えるパラレル・ワールドとはどのようなもの**ですか？

アドロニス　パラレル・ワールドを簡単に説明するのは難しいですね。それは、**今あなた方が体験している世界**でもあるからです。私たちから表現すると、パラレル・ワールドというよりも、「**プロバブル・ワールド＝起こり得る可能性のある世界**」、という言い方がふさわしいのです。そして、このプロバブル・ワールドの定義づけをするなら、「**時空間の特定の流れを象徴する世界**」と言えるでしょう。

そこでの探求のテーマは多彩です。つまり、プロバブル・ワールドとは、時間と空間の中に共通点のある流れがあるということ。そこに、集合的な意図や集合的な現実があるということです。ですが、その集合的現実の中にある、一人ひとりの自己のテーマは、**その人がどれくらいシフトしたいのかによって変わってきます。それを基準に、移行先になる世界の可能性が変わってくる**ということです。

シャラン　パラレルではなくて、プロバブル・ワールドになるのですね。そちらの言い方の方が、私にもわかりやすいかもしれません。

アドロニス　そういう意味において、日本のパラレル・ワールド、いわゆるプロバブル・ワールドにおいては、日本列島が存在していない世界も存在しているのです。これは、日本列島が完全に水の中に沈んでいるというもうひとつの可能性の世界です。その他、今、ちょうどこの場所にある世界とまったく同じ世界もあるのですが、そこでは、あなた方全員がピンク色のシャツを着ています。こんなふうに、ほんの小さな違いから壮大な違いの幅がある世界までが存在するのです。

シャラン　え？　今ここにいる私たちが全員、ピンク色のシャツを着ている⁉　そうすると、何百、何千ものプロバブル・ワールドがあることになりますね。ちなみに、私自身が子どもの頃に学んだ地図と今の地図がかなり違うような気がするのですが、私もパラレル・ワールド、いわゆるプロバブル・ワールドを移動してきたということになりますか？

アドロニス　はい。**あなたたちは常に移行しているの**です。**集合的にひとつの世界から別の世界に移動することも多い**です。地形が違っていると感じる人もいるでしょう。中には、集合的な現実が変化したことで違う世界に来たと気づく人もいるかもしれません。それを表現する言葉として、あなたたちの文化には「**マンデラ効果**※」という言葉があります。つまり、「**かつてそのことは起こったはず、という記憶を持っているのに今住んでいる世界では、そのことはそのリアリティの歴史の中では起こっていなかった**」というような現象です。

シャラン　はい、「マンデラ効果」、聞いたことあります。

アドロニス　※※ネルソン・マンデラは、1980年代に死んでいたと多くの人から信じられていたのですが、実際はもっと最近に亡くなっている、と

※マンデラ効果
事実と異なる記憶を不特定多数の人が共有している現象。ネルソン・マンデラの死亡時期について誤った記憶を持つ人が大勢現れたことに由来する造語。

いう事象ですね。量子論の世界でこの効果のことは説明もされています。また、「シンギュラリティ実験」と呼ばれている「特異点の実験」もCERN（欧州原子核研究機構）で行われています。このような**シフトは、自然に起きることもあれば、人工的に行われるシフトもあります。この惑星全体がひとつの巨大なポータルのネットワークになっているのです。クラスターとしてひとかたまりになっている地球の集合体たちが無限に存在していて、常にお互いに交差しあっているような感じ**です。

シャラン　人工的に行われるシフトもあるというのが驚きです。

アドロニス　この無限の地球の塊は、はっきりとは物質次元まで落とし込まれていません。すべての現実は同じ時間、同じ空間の中に存在しているのですが、たまに、グリッドに穴やすき間ができているために、そ

※※ネルソン・マンデラ
南アフリカ共和国の政治家であり弁護士（1918〜2013）。青年時代から反アパルトヘイト活動に情熱を注ぎ、国家反逆罪で終身刑の判決を受けて27年間に及ぶ獄中生活の後に1990年に釈放。1993年にノーベル平和賞を受賞。1994年に南アフリカ初の全人種参加選挙を経て大統領に就任。1999年に政治家を引退。

の時間と空間から漏れ出るという事象が起きます。そうすると、地球の周りを覆っているポータルネットワークの穴に別の地球の一部が穴埋めされて、それが現象として見えるということが起きるのです。**皆さんが生きている世界は常にさまざまな別の世界と交差しているの**です。その交差が起きるのが何日かに1回ということもあれば、何週間に1回、何か月に1回、何年かに1回ということもあります。

ポータルの曲線のゆがみ具合によって、それは変わってくるのです。このポータルが、それぞれの世界が交差するポイントを創り出しています。**皆さんの世界は、非常に多次元的です。無限大、無数の地球のクラスター（幾つもの地球の塊）があって、すべてが同時に一緒に存在している**のです。各々のクラスターは、それぞれの整列状態をその時々に保っているということです。

「バミューダトライアングル」はポータルが開閉するスポット!?

シャラン　そうすると、その〝漏れ出ている〟部分から何かの拍子に偶然に抜け出てることで、別の世界に移動したりしますか？　たとえば、タイムトラベルなどはこういった現象ですか？

アドロニス　そうです。**「バミューダトライアングル」などはいい例**ですね。日本の地下にも「ドラゴントライアングル」と呼ばれる場所があるのです。飛行機がその上空を飛んできて、突然、消えてしまう、ということなどはこういった現象が起きている、と言えるでしょう。ついさっきまでレーダー上には見えていたのに、一瞬でそれが消えてしまう、という報告もたくさんあります。たとえば、**消えた飛**

行機が50年後あたりに突然、反対側に現れる、というようなことです。でも、**飛行機の乗客には、その移動は瞬時に起きているの**です。けれども、**飛行機が消えた世界にいる人たちにとってみれば、50年も時間が経っていた**ということだったりします。

シャラン　飛行機に乗っていた乗客の残された家族たちにとっては、とてつもなく長い時間になりますね。

アドロニス　はい。こういったポータルは、いわゆる典型的なポータルですが、地球上にはまだまだ、常に開いたり閉じたりしているポータルが何千とあります。そのポータルの大きさも、円形のピザくらいの小さなサイズのものから、ひとつの大きな地域に至るまでの大きさのバリエーションがあります。また、空中や海の中、地底や大気圏の中にもあったりします。**この惑星はハチの巣状になっているので**

すが、ハチの巣の一つひとつの部屋が開いたり閉じたりを繰り返している、というような感じです。

シャラン　それは、どのようなメカニズムで起きるのですか?

アドロニス　ポータルの開閉は、この地球上の電磁場のグリッドの状態によって起きています。ただし、かつてグリッドを保っていた古代の聖地と呼ばれていた場所の多くは、今ではすでに破壊されてしまいました。たとえば、イギリスにある遺跡のストーンヘンジは取り壊されてしまったし、エジプトのギザの大ピラミッドも壊されています。頂部にあった三角形の「キャップストーン」は、すでになくなっているのです。聖地であったこのような土地が破壊されてしまったのは、戦争のエネルギーなどによって汚染されたことによるものです。そこで、「**グリッドメイカー**」と呼ばれるような人々が、ここ何十年にもわたってパワーを取り戻すワークを行っています。**ガイドたちに導かれた彼らは地球の特定の場所で儀式を行い、失われた聖地のエネルギーに代わるものとして、地球上でまったく新しいグリッドを活性化しようとしている**のです。

古代の聖地のエネルギーは地球外生命により意図的にシャットダウンされた⁉

シャラン　古代の聖地のエネルギーは、意図的にシャットダウンされたのですね。

アドロニス　はい。古代にはグリッドを保持していた聖地がターゲットとなりました。この地球上に浄化の基盤をつくるために高い次元から光が降ろされていたのですが、これが遮断されたのです。さらに、聖地を汚染させることにより、この世界がより物質次元の現実にとどまるように工作されました。古代からあるこのような**ゲートウェイを閉じて、この世界の密度をより重たいものにすることが意図されたの**です。それによって、**この世界はより物質的**になりました。

つまり、密度もより重いものになったのです。けれども、数十年前から数千人もの選ばれた人たちが古代の聖地の修復や、地球上に新しいクリスタルのゲートウェイを開くためのワークを儀式で行っています。新しく創られているゲートウェイは過去のものに比べて、強固なものとなりました。ひとたび、これらのポータルが開いたなら、外から他の存在たちがやってきても誰も妨害することはできません。

こうして今、**地球上のさまざまな場所で新たな磁場が開かれて**

います。より高い次元のエネルギーの出入りによって、地球の磁力は強められてスピリットに守られています。たとえば、カリフォルニアのシャスタ山などはこのゲートウェイのひとつの例です。また、次の次元へのルートが続いていくためにも、ゲートウェイがオープンになりエネルギーの流れがスムーズになることで、磁場が強められているのです。

日本の最もパワフルなゲートウェイは富士山

シャラン　日本におけるパワフルなゲートウェイはどこでしょうか？

アドロニス　富士山です。富士山はとてもパワフルなエネルギーセンターです。

アジアの他の地域では、インドネシアのバリもパワフルなエネルギーセンターです。ネパールとチベットの間の地域、ヒマラヤ山脈もそうです。北米では西海岸のワシントン州にあるマウント・ベイカー※もそうです。これらの場所は大自然の中にあるエネルギースポットです。

シャラン　この地球のためにも、古代の聖地のパワーが再び活性化するといいなと思います。ところで、先ほど地球のエネルギーが出入りするハニカム構造の話がありましたが、私たちはパラレル・ワールドを移動するときには、ひとつのハニカムの部屋から出て通路を通るような形で次のハニカムの部屋へと入っていくように移動するという感じなのでしょうか？

アドロニス　はい。地球はクラスター状の塊になっていますからね。移行する世

※マウント・ベイカー
アメリカのワシントン州のカスケード山脈にある火山で、シアトルから車で2時間30分ほどの距離にある。標高は3285メートルで山頂は一年中雪に覆われている。

界は自分が探求している共通のテーマや関わっている問題などがある世界へとしばしば移動を行っています。ひとつのクラスターの塊の中にある地球たちは、**何らかの同じテーマでひとつに束ねられているので、その中を飛び交うというような感じ**です。**同様に、別のテーマの別のクラスターもある**ということです。

シャラン　タイムトラベルも同じような感じで行われますか？

「タイムトラベル（時間旅行）」というより、「次元旅行」が正しい!?

アドロニス　あなたたちは、**〝タイムトラベル〟と呼びますが、実際には時間旅行をしているわけではない**のです。自分自身は時間旅行をしていると知覚していても、実は、今、自分がいる世界と同じように見える世界に移動している、ということなのです。これは、転換の効果と呼ばれるものです。つまり、もともと自分が住んでいた現実とはほんのわずかに違う現実の世界へと移動していくのです。

このように知覚、認知が変わる体験を私たちは「**次元旅行**」と呼んでいます。それは、**次元の線上を移動するワークを行うようなものであり、タイムラインを移動しているのではない**のです。たとえ、違う時間軸を体験しているように感じられても、それは自分の感じ方が変わったから、ということにすぎません。

たとえば、あなたが次元間を旅行するトラベラーだとしましょう。あなたは、トラベル用のマシーンを作り、そのマシーンの中に入りボタンを押します。そうすると、別の次元のラインに移動することができる、という感じですね。そして、到着した世界でその世界の人たちに会うと、彼らは、あなたのことを違う名前で呼ぶでしょう。そして、自分の住んでいたアパートが道路の左側にあったはずなのに、こちらの世界では右側にあったりします。これらは、他の人たちの記憶が何らかの影響で変わったのではなく、あなたの記憶が違っているのです。

シャラン　**人生というものは、常に主観的な見方をしているもの**なのです。**あなたが別の現実にシフトすると、そこは、元いた次元軸での記憶とは異なった記憶がある場所**なのです。ですから、あなたの身体も元いた次元の記憶とは違っています。では、**誰の記憶が違っているのか、というとあなたの記憶**です。

次元軸が変わり、別の次元に入ったことで、自分の見方が変わっただけなのですね。

アドロニス　はい。新たな次元では、あなた自身の身体だって以前に自分が記憶していた身体とは違うものになっているのです。ただ、あなたの記憶が違っているだけなのです。あなたがその世界で出会うすべての人たちは、もともとその世界にいた人たちなので、彼らの見方には変化はないのです。つまり、**あなたが次元を移るときには、他の誰かの記憶を変えたことにはならない**のです。

また、**一度あなたが次元軸を移れば、決して元いた次元軸へは戻れません。なぜならば、新たな場所で持つ記憶が、すでにもともといた場所の記憶とはもう違ったものになるから**です。あなたの記憶が変化していくにつれて、転換の比率も変わります。ここで言う転換とは、ひとつの次元のテーマと、もうひとつの次元のテーマの違いということです。これが次元間のトラベルを説明したものになります。

アドロニスが伝授する理想のパラレルへ移る方法とは？

シャラン　つまり私が次元間旅行をするときには、私だけが変化して、移動先の他の人たちなど他の集合的な現実には何の変化もない、ということですね。そうすると、自分の理想のパラレルに移動するにはどうすればいいでしょうか？　いい方法はありますか？

アドロニス　もちろんありますよ！　**自分の持っている感情という荷物をどんどん軽くしていけばいい**のです。自分を縛っている鎖を脱ぎ捨ていけば、あなたの望む現実の世界の扉へ入っていくことは可能なのです。

シャラン　先ほど教えていただいた「愛」「慈悲」「ゆるし」のワークを行えば行うほどに、行きたいパラレルにどんどん移動できるということですか？

アドロニス　「愛」とは何なのでしょう？　**愛とは、あなたという存在の本質そのものであり、あなたは、愛によって創造されている**のです。それがスピリットそのものだからです。スピリットは愛以外の何物でもありません。**愛からすべてのものが創造されている**のです。たとえば、ここに絵を描くイーゼルとキャンバスがあったとしましょう。でも、あなたは絵を描くのがキライだとします。そうすると、そこにイーゼルとキャンバスがあっても、あなたは絵を描きませんよね。それどころか、イーゼルを壊そうとするかもしれません。そうすると、キャンバスの上には何も創造されません。

つまり、**あなたが創造するすべてのものは愛を必要としている**のです。この世界で創造されているすべてのものは、愛から生まれているのです。もちろん、この宇宙の中にはそれを崩壊させたいと望む存在たちもいます。でも、崩壊させる前には、まずは創造されなくてはなりません。そうでなければ、壊すものさえもないのです。だからこそ、**創造というものは、それほどまでに素晴らしい贈り物**なのです。**最も力強く、偉大で、断固とした意志で創造されている**のです。

一方で、破壊にはこの3つのどれも必要としません。ですから、あなたが愛に満ちた存在になりたいと思ったならば、クリエイターになるのです。クリエイターがこの世界で最も強い存在だからです。

シャラン　この世界の一人ひとりがクリエイターなのですね。それに、自分が愛の存在であるとわかれば、何だって創造できそうです。

第7章

今、2万6000年に1度のゲートが開く時

バシャールの「列車が離れていく」説をアドロニスはどう見る？

シャラン　ちなみに、愛に目覚めるということは、覚醒するということでもあるかと思うのですが、バシャールが２０１１年頃に当時はまだ全員が同じ列車に乗っているけれども、２０１２年あたりから路線が切り替わりはじめて、２０１５年あたりからは、その線路も別々の方向へ向かっていく、というふうに語っていました。そして、２０２５年あたりになると、もうお互いの線路は大きく離れてしまう、と言っていました。バシャールはよくこのような表現をしますが、アドロニスはこれをどう思いますか？

アドロニス　そのたとえ話は、私たちも理にかなう表現だと思います。このことも、いろいろなたとえ話で説明できるかと思います。**私たちとしては、これを「チャンスの窓」という形で説明する**ことをご提案します。

シャラン　アドロニスのスタイルでこれを説明してもらえますか？

アドロニス　はい。たとえば、あなたの前にとても大きな窓があったとします。その窓は大きくて、窓も開いています。その窓の向こうは次の次元です。その窓は、身体ごと飛び込んで向こうへ行くことができるほど大きな窓です。けれども、地球が変化をしていく中で、窓が少しずつ時間とともに小さくなっていくのです。そうすると、これまでラクラクと向こう側に行けたのに、窓が小さくなるので、窓をくぐり抜けるのが大変になってきます。つまり、向こうの次元に行くのが困難になるのです。**もし、あなたが物質的なものにいつまでも囚《とら》われて、自分の痛みや苦しみにしがみついていることに時間を費やしているのな**

らば、窓は、さらに小さくなっていくでしょう。

シャラン　なるほど。やはり物質的なことへの執着や感情に囚われ続けていることが、チャンスを逃がすんですね。

アドロニス　はい。そして、窓が小さくなってくると、そのことに気づいた人は、窓を閉じないようにするために、無理やり工具で窓をこじあけたりするでしょう。そして、この大きさなら自分は通れるというサイズに調節したりします。でもそのときはすでに、体重が100キロ以上ある身体の人にとって、やっとネコが通り抜けられるくらいの隙間になってしまっている、というような感じなのです。たとえば、頭だけは入れても、お尻の方は大きくて入れない、というような感じです。

2024年にはチャンスの窓は閉じてしまう⁉

シャラン　気づいたときにはもう遅い、ということですね。

アドロニス　はい。そして、その人がくぐりぬけようとしているのを、向こうの次元の人たちも発見して手伝ってくれようとします。でも、いくら一生懸命自分たちの側の方に引っ張ってくれても、身体は動きません。そんなときは、**必死になって向こう側へ行こうとするのではなく、自分の持っているすべてを明け渡してゆだねる**のです。**自分の中にある思いも感情もすべてを手放します**。すると、**その人の身体は細くなっていきます**。トラウマなどを吐き出したことで、膨れていた身体がスリムになるのです。そうすると、向こうの人たちが身体を引っ張ってくれると、スルリと窓から通り抜けられるようになります。

ここでの学びは「**いつまでも長く待ちすぎていると、チャンスの窓をくぐり抜けていくことがより困難になる**」ということです。

こういった説明の仕方もあります。

シャラン　なるほど。その窓ですが、いつ頃までくぐり抜けられるのですか？　いつになったら窓が閉まるのでしょうか？

アドロニス　**2020年からの10年間でこの窓はさらに小さくなっていく**でしょう。たとえば、今はまだ、実際のドアくらいの大きさなのですが、**2024年くらいになると、もう手の平サイズくらいの大きさ**にまで小さくなっているでしょう。本当に小さなドアになってしまいます。

「目覚め」は焦っても無理!?

シャラン　手の平サイズ！　もう、どう頑張ってもくぐり抜けられませんね（笑）。なんとかして、その前に通り抜けておかないと！

ところで、「アセンション」とか「人類が進化・覚醒できるかどうかのタイミング」という意味では、スピリチュアルの世界では常にタイムラインを提示されて「その時点を超える前までに〇〇するべき」とか「〇〇の時期がデッドライン」などとよく表現されてきました。たとえば、これまでだと、ノストラダムスの予言で言われていた2000年の前、次は、マヤの暦が切り替わる2012年、そして今のスピリチュアルの世界では、2020年前後がひとつの区切りのような形で紹介されることが多いのです。

今、アドロニスのお話だと、2024年になったらもうほとんど次の次元へと通り抜けられないような感じなのですが、そうすると、今いろいろなところで言われている2020年をひとつの区切りとするのは正しいという感じなのでしょうか?

アドロニス

まず、自分の進化にかかわることにデッドラインという形で表現するのは適切ではないですね。**これはひとつの〝チャンス〟の話であり、この時点で締め切るというような話ではない**のです。私たちはそういう見方はしません。究極的な言い方をすると、「**すべての人たちは、自分の行くべきところへ行くようになってい**

る」ということでもあるのです。ですから、**もし自分のスピリチュアルの進化を急ぎすぎてしまうと、結局はどこにも行けない**のです。自分にとっての**スピリチュアリティの進化は、自然に開花する形が最もふさわしい**のです。

シャラン　おっしゃること、よくわかります。人それぞれで成長も違いますからね。

アドロニス　はい。たとえば、1度もダンスをしたことがない人に向かって「1年でプロのダンサーになりなさい」と言っても無理ですよね。ダンスの基礎もないまま踊ろうとしても、転んでしまうのと同じです。ですから、スピリチュアルの進化がどのようなものかを知っている人たちは、必ず自然なアプローチを取ろうとするはずです。何が起きるのか、ということをきちんと理解している人はそのような形で進化しています。その中には、スピリチュアル関係の本など1冊も読まないような人だっているのです。それでも、きちんと自分ではそのときどきにやるべきことを自然に理解しているのです。

シャラン　なんだか、本来ならそのような形が一番理想的のような感じもしますね。

今回のチャンスは2万6000年に1度のゲートウェイ

アドロニス　この本も、自分の進化の具合を自分で理解している人たちが読んでいただいていると思います。まだ自分の準備ができていない人は、物質的な世界に執着し続けている人たちであり、まだ物質的な世界に魅力を感じているでしょう。その人たちには、これからまだ人生のレッスンも必要になってきます。そして、その人にふさわしい可能性の機会がある世界に導かれるでしょう。そして、他の人たちがすでに移動した次元に自分も扉を通って移行することができたりするのです。

この扉、いわゆるゲートウェイが開かれるのは、1万2000年から2万6000年の間に1度のことです。今回の**次にゲートウェイが開かれるのは、皆さんの時間で言うと1万2000年後**です。もっと大きなゲートウェイは、2万6000年後に開かれます。ちなみに、**今、皆さんが通過しようとしているのは大きな方のゲートウェイ**です。とても大きなゲートウェイなのです。

シャラン

2万6000年に1度のゲートウェイなんですね。ということは今、この本を手にしている方は、大きなゲートウェイを通過できる人と言えますか？

アドロニス　進化が自然に行われている人にとっては、「はい」と言えるでしょう。この本を読んでいて、言われていることが自然に受け止められたり、このことは知っていたなと思える人、また、この本で言われていることにピン！と来る人などはそうです。そういう方々は、「チャンスの窓」に向かって歩んでいる人たちです。

シャラン　チャンスの窓に向かっていることは、自分でわかるものですか？「自然にそれができている」というのが自分でわかれば有り難いのですが……。

アドロニス　要するに、**「無理やりにそのことを行っていない」ということ**です。また、何の思惑も持たずにできているということです。

シャラン　それならわかります！　無理やり感がないことですね。

アドロニス　その人にとって、最も自分にとって本物だと思えるような道、そしてその方向性ということですね。たとえばそれは、**自分が進化していることすら意識していないような人**でもありますね。つまり、ここで語られていることがすんなりと納得できるなら、その人は自然な進化の道を歩めているはずです。

未来の経済を気にすることは物質社会への執着になる⁉

シャラン　それでは、最後に少し現実的なことを聞いておきたいのですが、今後の世界の経済はどのように動いていきますか？　アメリカや中国、日本などにデフォルトの危機が訪れるという話は常に上がってくる話題ですが、そのあたりはいかがですか？

アドロニス
経済のことを心配してあまりにもフォーカスしすぎるということは、あなた自身が物質社会に執着しているということです。経済の将来に関しては、経済が流れていく方向に任せてください。というのも、**経済の問題は皆さんのスピリチュアルな本質とはまったく関わりがない**ものだからです。あなたが自分の人生を生きていく中で、自分にとって交換手段として正当性のあるものを適切に使ってほしいのです。なぜならば、経済や金融のことを心配しはじめると、物質世界で起きることにばかり関心がいくようになるからです。

そんないい方をするとあなた方は、「アドロニス、そうは言うけれど、家賃が必要なのよ！」「食べものだって買わなきゃいけないし！」「生活するのには、お金がかかるんだよ！」なんて思われるはずです。もちろん、そのとおりです。**でも、そういった不平や不安が出るということは、自分が望むだけの経済的な豊かさを得られる価値のある人間であると信じていないことを表しています。**だから、「お金」に囚われてしまうのです。

シャラン　う〜ん。そう言われて耳が痛い人はたくさんいると思います。なぜかと言うと、この物質社会でお金を使いながら私たちは生きているわけですからね。

アドロニス　「お金」というものは、この地球上でエネルギーの交換をする「ひとつの手段」にしかすぎません。つまり、実のところ、お金の心配を一切することなしに活用することのできる**「お金以外の交換手段」がこの世界には無限大にある**ということなのです。けれども、皆さんは、生まれてからずっと今の経済のシステムの中で家畜化されてしまっているので、「お金がないと何もできない！」と思い込まされてしまっているのです。

望む限りのお金を持つことは、結構なことです。でも、**あなたはお金に支配されないように**してください。**支配されてしまうと、エゴが全面に出てしまい、物質主義に偏り、貪欲になってしまいます**。そういう人は、貨幣が有限なものだと信じてしまっている人です。ここでお金に関する小さなヒミツを知りたいですか？

シャラン　はい。ぜひ！

2020年代に世界規模でお金がリセット!?

アドロニス　**お金は無限に存在している**のです。あなたは、自分の主観的な現実の中でお金というものを体験しています。あなた自身が何らかのサービスや労働、または表現などを相手に提供するとしますね。そして、相手からはあなたにそれに対する「対価」が戻ってきます。本来なら、あなたはお金に対してのストレスを感じることなしに、その「対価」を受け取ることができるはずなのです。お金の概念が時代によって変わろうとも、新しい金融のシステムが登場しようとも、それは可能なのです。

シャラン　つまり、どんなに不況になろうとも、自分次第ではお金が無限にある、という世界に生きていけるはずなのですね。

アドロニス　はい。それを踏まえて、改めて最初の質問にお答えするなら、**2020年代の初頭には地球規模で通貨がリセットされるという可能性**があります。**この大きな変化の移行は段階的に行われていく**ので、どなたも、今自分の持っているお金が消えてしまう、というような心配をする必要はありません。これは、世界が抱える負債を永久的にリセットしようとする意図のもとで、各国で段階を踏んで行われることです。ある国はこれが短期間で行われるかもしれませんし、またある国はこれに時間をかけることになるかもしれません。

このようなステップを経て、今、私たちが使用している国の発行する通貨は少しずつ消えていくことになります。そして、**新しい金**

融システムのもとでは、人々のために豊かさを分配していくような動きになるでしょう。

シャラン　新しい金融システムでは豊かさが分配されるのですね。

アドロニス　はい。それが、前半にも出てきた**「ユニバーサル・ベイシックインカム」の話**ですね。この制度が2020年代の前半にはスタートするかもしれません。実は、この通貨のリセットは1990年代からすでにはじまっているのですが、この動きに対する抵抗もかなりありました。けれども今後、より高いエネルギーの中に皆さんが入っていく中で、今の時点でこの可能性は高まってきているので、2020年の前半には起きそうです。

このような通貨のリセットが世界的に起きることは、地球規模

での癒しにつながる経済効果が生まれるのです。たとえば、新しいシステムのもとでグローバル通貨が登場すると、何十億ドルというお金が世界経済の発展、新しいテクノロジー、砂漠の緑地化、海洋汚染の浄化や大気の浄化、有害な化石燃料の工場の破棄、原子力施設の破棄などのための費用に使われるのです。

でも実は、**これよりもすばらしいパワーを皆さんは持っている**のです。それは、**あなたが自分の愛にもとづいて行動をする**ということです。すると、**浄化が自然と起こります。**愛の本質となりコミュニティの活動を通して、**お互いに豊かさをもたらしあうことも可能**になります。

これこそ、**お金で買えないことなのです。お金のことばかりにフォーカスしないで、というのはこういうこと**なのです。貨幣は物質主義を象徴するものですから。ただ、**ツールとしてだけお金を使ってください**。お金はそれ以上のものではありません。

シャラン　本日のお話で、私たちが愛の存在であることに気づく大切さを改めて認識しました。そのためにも、自分自身が神であること＝スピリットであることに気づく必要があると思うのですが、最後に、スピリットとつながる方法があれば教えてください。

アドロニス伝授！　スピリットとつながる瞑想

アドロニス　はい。それでは、スピリットとつながる方法をお伝えしましょう。

まず、目を閉じてください。
自分は身体を超えた存在であると感じてみてください。
あなた自身が小さな光のオーブになったと想像してみてください。
自分がこの白い光に包まれていると感じてみてください。
あなたは、オーブの光になっています。

ここで、これまでの人生で最も幸せを感じた瞬間のことを
思い浮かべてください。
すると、あなたの光がより明るく輝きます。
心の中で、あなたが愛する人のことを思い浮かべてください。
その人に愛を送ってみてください。

あなたの光はより輝きを増してきました。

白い光になったあなたの目の前には地球があります。
地球に意識を向けてみてください。
上空から見る地球は、とても美しいはずです。
そんな視点で美しい地球を見つめてみてください。

そして、地球に声をかけてみましょう。
「とても美しいよ!」

そうすると、あなた自身の光はさらに増していきます。

地球から少しずつズームアウトすると、
あなたの目の前には銀河系が広がってきます。

美しい星々が渦を巻いているさまなどが見えてきます。

今度は銀河の星たちに声をかけてあげましょう。

「星々よ。あなたたちは、なんて美しいんだ！」

そうすると、あたり一面の星たちがまるで返事をするように、
一斉に光り輝いてあなたに挨拶をしてきました。
あなたの光のオーブは、いつの間にか銀河と同じくらいの大きさにまで
広がっています。

あなたは、さらにズームアウトしていきます。
そこは、幾つもの銀河系を俯瞰《ふかん》する宇宙空間です。
さっきまで自分がいた銀河系も、今では遠く離れてしまい、
小さな星のように見えてきます。
今いる場所がどれだけ平和で美しいかを感じてみてください。
あなた自身の持ちうる愛のすべてをこの宇宙空間に送ってください。

そして、次の言葉を伝えましょう。
「あなたを愛しています（I love You）」

あなたの光は、今いる広大な宇宙空間と同じくらいの大きさになりました。

あなた自身が宇宙全体と同じくらいの大きさになったのです。

あなたは、さらにズームアウトしていきます。
たくさんある宇宙がもう小さな星のひとつのように見えてきました。
そして、それぞれの宇宙が星のように輝いています。
あなたの愛の光を一つひとつの宇宙に送ってあげてください。

再び、次の言葉を伝えましょう。
「あなたを愛しています（I love You）」

それぞれの宇宙からの愛があなたに戻ってきます。

あなたの光は、
すでにマルチバースを包み込む大きさまでになりました。
あなた自身がマルチバースになり、完全に至福に満たされていることを
感じてみてください。

そこで、後ろを振り返ってみてください。
今、あなたの目の前で、両手を広げてくれている存在こそが、
神の手です。
スピリットの手です。

神の手が、純粋な愛にあふれた手があなたを包み込みます。

あなたの光は今、スピリットの光になっています。
あなたの光は今、クリエイター（創造主）になっています。
あなたの光は今、神になっています。
スピリットとの純粋なつながりを感じてみてください。
スピリットはあなたを歓迎し、スピリットとあなたは今、
ひとつになっています。

あなたの光は神の光そのものなのです。
あなたの光は純粋なスピリットの光になっています。
その光はクリエイター（創造主）の光です。

あなたは今、マルチバースから銀河系を通して、
たくさんの星々を見下ろしています。
そして、地球にいる小さな一人の人間を見下ろしています。

今、偉大なるスピリットになった存在のあなたから
地球にいるあなたに対して次のように告げてください。

「これがあなたの真実の姿です」
「あなたは神です」
「あなたはクリエイターです」
「あなたはスピリットです」

「なぜなら、あなたは今ここにいるからです」

深く息を吸い込み、そしてゆっくりと息を吐き出してください。
スピリットの光があなたの身体の中に流れていくのを感じてください。
今、人間としての自分の身体に戻りながら、
「自分は神そのもの」であるということを憶えておいてください。

今、この瞬間に戻ってきてください。
憶えておいてください。
これが真実です。

以上です。

それでは、これまでの交流に対してお礼を申し上げます。

さようなら。

シャラン　アドロニス、今日はどうもありがとう！　また会いましょう！

——アドロニスが去ってブラッドに戻る——

ブラッド　**あなたがスピリットであり、スピリットがあなた**ということですね。

シャラン　瞑想中は意識が銀河まで飛んだ気がします。自分のスピリット、そして地球を創造してくれたスピリットと一体になれたような気がします。アドロニスのメッセージを伝えてくれたブラッドにも感謝です。ありがとうございました。

アドロニスが去ると、再び寡黙になるブラッド

おわりに

嗚呼、アドロニスよ！

あなたはまるで、「油田のような人」でした。

掘っても掘っても、地下から石油が泉のように湧いてくる豊かな油田のような人。

ヘンなたとえかもしれませんが、それが、私にとってのアドロニスなのです。

「はじめに」でもお伝えしましたが、アドロニスは、何を質問しても、どんなに難問を突っ込んでも、答えてくれるというオールマイティなエリアをカバーできる存在です。

さらには、どんな質問にも決して慌てることもなく落ち着き払って、どこまでも詳細かつ深淵《しんえん》な答えをくれる慈愛あふれた知識の宝庫のような人です。

時には、こちらが質問していなかったことまで答えてくれる人です。

本書にもご紹介していますが、たとえば、近未来の日本について教えてもらっていたときのこと。

過去に日本に起きた地震が人工地震であったということにも、さらっと言及していて、「え!? やっぱりそうだったんだ……」と思ったものです。

陰謀論の世界では、ときどき聞くようなそんな話も、そんな世界とはまったく無縁であり、そこにまったく感情を置くこともないフラットな立場にあるアドロニスが言うからこそ、逆にこちらはあっけにとられてしまうのです。

そして、その情報が真実であることを私たちの深い部分で理解するのです。

また、私たち地球人は「神から直接創られた種族」ということも教えてくれました。

「人間は神から創造された」というフレーズも、これまで何度も聞いたり読んだりしてきましたが、アドロニスから理路整然と説明されるだけでなく、その真実の裏には宇宙の壮大な計画があったことを知るのです。

そして、私も神から創られたひとりの人間として、そのメッセージの重さを改めて噛みしめるのです。

アドロニスに質問した1日は、これまでの私の人生にとって、永遠の時を感じるほど長くて濃い1日となりました。

もし、まだ時間があるのなら、もっともっとアドロニスに質問したい。

もっともっと掘り下げたい！

もっともっと突っ込みたい！

そんな気持ちでいっぱいですが、また、次に会えるときまで、私も私なりに真実を追求しながらアドロニスとの再会を心待ちにしたいと思います。

そして、シャイなブラッドとも、もっとおしゃべりできたらいいなと思っています。
それでは、次に押し寄せる知識の波の前に、私自身ももう一度この本を読み返しながら、キラめく情報の数々を復習して自分の中にしっかりと浸透させていきたいと思います。

ぜひ、あなたもシリウスAの光が語ってくれた叡智をあなたのものにして、この地上であなたの人生に活かしていってほしいと思っています。
それが、流れる抒情詩のようにたくさんのことを語ってくれたアドロニスが、あなたに一番伝えたいことだからです。

あなたが本書を通して、私たち地球人が〝神からの贈り物〟であることに気づき、あなたの人生を輝かせていけますように。

シャラン

Profile

ブラッド・ジョンソン
（Brad Johnson）

カナダ出身。2008年より高次元存在とのコンタクトがはじまり、「シリウス意識アドロニス」と呼ばれる多次元存在をチャネルするようになる。過去7年間に世界中で1万人以上のクライアントに会う。ブラッドの深い洞察は高次元の情報が多岐にわたっており、それぞれ異なる主題のスピリットを通して、深遠な叡智・理解をもたらすことで知られている。変容のカタリストとしての彼のメソッドはとてもユニークであり、すべての人の真実の偉大さの発見のサポートをしていると多くの人から賞賛されている。

シャラン

長崎県出身、大阪府在住。未来案内人。多次元コンタクター。著書に『パラパラめくるだけで引き寄せができる本』『パラパラめくるだけでズバッと縁切りできる本』（ともにヴォイス刊）。「パラめくメソッド」を開発して、日本11ヵ所・海外5ヵ所にてパラめく講師陣たちがセミナーを開講中。同時にVoice講師としても各種セミナーやセッションを随時開催。30年間にわたり、自ら持って生まれた特殊な能力をコントロールする方法を研究していく中で、スピリチュアルな世界の全体像を把握して独自のノウハウの体系化に成功する。数万冊の願望実現関連書、歴史書、著名人の伝記、精神世界の本を読破してきた知識を活かして活動中。

第6密度の使者
アドロニスチャネリング
シリウスメッセージ

by
シリウスA ヒューマノイド・コンシャスネス
ブラッド・ジョンソン
×
多次元コンタクター
シャラン

2019年8月15日　第1版第1刷発行
2021年8月21日　第1版第2刷発行

著者　ブラッド・ジョンソン
　　　シャラン
編集　西元 啓子
校閲　野崎 清春
漫画イラスト　シャラン＆AYUMI
通訳　甲斐 富紀子
ブックデザイン　三宅 理子

発行者　大森 浩司
発行所　株式会社 ヴォイス 出版事業部
〒106-0031
東京都港区西麻布3-24-17 広瀬ビル
tel 03-5474-5777（代表）
　03-3408-7473（編集）
fax 03-5411-1939
www.voice-inc.co.jp

印刷・製本　株式会社光邦

Printed in Japan. ISBN978-4-89976-496-0